부자의
습관
빈자의
습관

부자의 습관 빈자의 습관

평범한 사람도 부자로 만들어 주는 44가지 작은 습관

명정선(이코노마드) 지음

한스미디어

프롤로그

다이어트와 절약이 비슷하다는 얘기 들어보셨나요. 예를 들어 저녁 모임에서 옆의 친구는 맛있는 치맥을 즐기고 있는데 나는 샐러드만 먹어야 한다면 스스로 처량하게 느껴질 것입니다. 혼자 샐러드를 먹을 때와는 다르겠죠. 마찬가지로 친구들은 해외여행도 가고 좋은 옷과 물건을 사면서 삶을 즐기는데 자신만 돈을 아끼고 있다 생각하면 비참해지기도 합니다. 나의 기준이 아니라 타인의 시선에서 나를 평가했기 때문이죠.

이때 우리는 '다른 사람이 나를 어떻게 생각할까'가 아니라 '나는 왜 절약하고 돈을 아끼는가' '어떤 삶을 살고 싶은가'를 스스로에게 물어야 합니다. 돈을 쓸 때도 자신만의 확고한 기준에 따라야 합니다. 그러면 허세를 부릴 필요도 없고 자신을 감추기 위해 돈을 쓸 이유도 없습니다. 무엇 때문에 돈을 쓰는지가 명확해지면 흔들리는 일 없이 행동할 수 있지요.

이렇게 돈과 마주하는 힘이 생기면 논리적인 힘이 길러지고 이 자신감은 얼굴과 행동에도 나타납니다. 물론 돈 관리에서도 당당함이 드러나기 마련입니다. 그간 만나온 많은 부자들의 경우를 봤을 때 이런 사람들이 성공할 확률이 높습니다. 부자가 되는 것은 시간문제일 뿐이죠. 돈 관리 능력이 부자의 바로미터가 되는 이유입니다.

"타인의 시선을 의식하지 말 것, 나의 기준대로 행복하게 사용할 것, 썼다면 칭찬할 것" 이 세 가지를 잊지 마세요.

이 책은 평범한 사람들이 가계관리부터 시작해 조금씩 돈 관리 능력을 키우며 부자가 되어가는 이야기를 담고 있습니다. 부에 대한 생각, 돈을 사용하는 습관, 성과를 가르는 업무 습관, 재테크 습관 등 크게 네 가지 분야로 구성되어 있고요. 책에서 대조적으로 나타내는 부자와 빈자의 습관을 보며 나의 습관 중 좋은 것은 더 강화시키고, 버릴 것이 있다면 빨리 잘라내면 됩니다. 그렇게 '나답게' 인생을 걸어가다 보면 분명 원하는 돈과 행복을 얻을 수 있을 것입니다.

책이 완성되기까지 가족과 주변 동료들의 응원과 격려가 없었다면 불가능했을 것입니다. 사랑하는 나의 남편 이황귀, 두 아들 이의준, 이의성, 그리고 항상 기도해주시는 어머니, 아버지, 효선, 지향에게도 고마움을 전합니다.

지은이 명정선

CONTENTS

프롤로그   4

제1장   부자의 생각 습관

- 가난한 사람은 돈 버는 재능은 따로 있다고 생각한다.   13
  부자는 누구나 부자가 될 수 있다고 생각한다.
- 가난한 사람은 연봉 인상만을 계획한다.   18
  부자는 월급 외의 자산을 계획한다.
- 가난한 사람은 돈을 높이 쌓아야 한다고 생각한다.   24
  부자는 돈이 물처럼 흘러야 한다고 생각한다.
- 가난한 사람은 돈만 많으면 부자가 될 거라고 생각한다.   29
  부자는 돈을 활용할 수 있는 지혜를 중요하게 생각한다.
- 가난한 사람은 작은 지출에 무감각하다.   34
  부자는 허튼 지출에 예민하다.
- 가난한 사람은 부채를 구입하고 자산이라 착각한다.   39
  부자는 자산을 구입해 돈이 돈을 부르는 방안을 고민한다.
- 가난한 사람은 노후를 위해 저축한다.   44
  부자는 해외여행을 가기 위해 저축한다.
- 가난한 사람은 세계 경기가 어려워지면 월급을 걱정한다.   49
  부자는 세계 불황과 개인의 불황은 별개라고 생각한다.
- 가난한 사람은 부자가 되기를 꿈꾼다.   54
  부자는 5년 내에 1억 모으기를 목표로 한다.
- 가난한 사람은 불안한 마음을 채우려고 돈을 쓴다.   59
  부자는 돈과 감정을 분리한다.

  칼럼   가난이 대물림되는 이유   64

제2장 부자의 생활 습관

- 가난한 사람은 너덜너덜하고 불룩한 지갑을 갖고 다닌다. 71
  부자는 깔끔하게 정돈된 장지갑을 갖고 다닌다.
- 가난한 사람은 수시로 ATM에서 돈을 인출한다. 76
  부자는 일정한 주기에 일정한 금액을 ATM에서 인출한다.
- 가난한 사람은 건강관리에 별도의 비용을 지출한다. 81
  부자는 일상생활에서 건강한 습관을 유지한다.
- 가난한 사람의 집은 정리가 되어 있지 않다. 86
  부자의 집은 잘 정리되어 있다.
- 가난한 사람은 외식을 즐긴다. 92
  부자는 외식을 선호하지 않는다.
- 가난한 사람은 신용카드를 사용할 때 할부 결제를 주로 이용한다. 97
  부자는 신용카드를 사용할 때 일시불 결제를 선호한다.
- 가난한 사람은 여러 장의 신용카드로 포인트를 챙긴다. 102
  부자는 신용카드 2장이면 충분하다.
- 가난한 사람은 돈이 많이 드는 취미 활동을 한다. 107
  부자는 돈이 없어도 즐길 수 있는 취미 활동을 한다.
- 가난한 사람은 쇼핑할 때 최저가 제품부터 찾는다. 112
  부자는 저렴하다고 해서 무조건 사지 않는다.
- 가난한 사람은 특별비 지출로 매달 적자에 시달린다. 117
  부자는 특별비 지출을 연간으로 계산한다.
- 가난한 사람의 출근 준비는 늘 분주하다. 122
  부자의 출근 준비는 여유롭다.

  칼럼 **가계부의 함정** 126

제3장 **부자의 업무 습관**

- 가난한 사람은 목표를 크게 세우고 허둥지둥한다. 133
  부자는 목표를 작게 세우고 실천한다.
- 가난한 사람은 덧셈의 일을 한다. 138
  부자는 곱셈의 일을 한다.
- 가난한 사람은 시간을 팔아 돈을 번다. 145
  부자는 돈을 주고 시간을 산다.
- 가난한 사람의 책상에는 서류 더미가 쌓여 있다. 151
  부자의 책상은 깔끔하다.
- 가난한 사람은 타인의 평가에 민감하다. 157
  부자는 스스로 평가하고 감사할 줄 안다.
- 가난한 사람은 지시받은 일을 다 하느라 잡무가 많다. 162
  부자는 잔가지를 쳐내고 중요한 한 가지 업무에 집중한다.
- 가난한 사람은 SNS에 지배당한다. 167
  부자는 SNS를 목적에 맞게 적극 활용한다.
- 가난한 사람은 말을 해 놓고 후회한다. 172
  부자는 상대방이 대화에 참여하도록 만든다.
- 가난한 사람은 완벽을 추구한다. 177
  부자는 속도를 추구한다.
- 가난한 사람은 정치·문화 기사에 흥분한다. 183
  부자는 경제 기사와 데이터를 확인한다.
- 가난한 사람은 모임에 가서 명함을 최대한 많이 돌린다. 189
  부자는 5명과의 관계를 소중히 한다.
- 가난한 사람은 머릿속에 저장해 둔다. 195
  부자는 메모를 하면서 머리를 비운다.

  칼럼 지금부터 실천할 수 있는 부자의 업무 습관 201

제4장 부자의 재테크 습관

- 가난한 사람은 계좌를 하나로 통일한다. 207
  부자는 목적에 맞게 계좌를 분리한다.
- 가난한 사람은 저금리를 핑계로 저축하지 않는다. 214
  부자는 종잣돈을 모으기 위한 저축과 소액 투자를 병행한다.
- 가난한 사람은 창구에서 금융 상품을 추천받는다. 221
  부자는 스스로 공부해서 판단한다.
- 가난한 사람은 주가 하락에 민감하다. 227
  부자는 주가 하락에 둔감하다.
- 가난한 사람은 투자 결과에만 관심을 가진다. 233
  부자는 투자 과정에서 자신만의 노하우를 쌓는다.
- 가난한 사람은 불안한 마음에 여러 개의 보험에 가입한다. 238
  부자는 연간 보험료 총액을 기준으로 선택과 집중을 한다.
- 가난한 사람은 노후를 막연히 두려워한다. 244
  부자는 연금 정보를 수시로 확인하며 계획을 세운다.
- 가난한 사람은 주식 투자는 무조건 피한다. 250
  부자는 주가가 하락해도 배당받을 수 있는 종목을 고른다.
- 가난한 사람은 주택 대출을 받을 때 현재의 이자율만 계산한다. 255
  부자는 주택 대출을 받을 때 금리를 다방면으로 철저히 고려한다.
- 가난한 사람은 세금에 무신경하다. 260
  부자는 절세가 최고의 재테크임을 안다.
- 가난한 사람은 임대나 갭(gap) 투자에만 관심 있다. 266
  부자는 리츠(REITs) 펀드를 알아본다.

칼럼 저축, 수입의 몇 %면 적당할까 272

제1장

부자의 생각 습관

나는 생각하는 법을 바꿀 거야.
스스로 다른 규칙을 찾을 거야.

- 밥 딜런 Bob Dylan

POORMAN
VS
RICHMAN

가난한 사람은
돈 버는 재능은
따로 있다고 생각한다.

부자는
누구나 부자가 될 수 있다고
생각한다.

> 가난한 사람의 사고

"빈익빈 부익부 몰라? 성공 스토리는 현실이 아니야. 그들은 이미 부자가 됐으니까 그 이야기가 아름다운 거지. 지금 같은 시대에 그런 게 가능하겠어?"

부자가 되고 싶다고 말은 하지만 부자가 되지 못하는 보통 사람들의 가장 큰 특징은 스스로 부자와 인연이 없는 행동과 어투를 쓰고 있다는 것입니다. 많은 사람들은 이렇게 말합니다. "아침부터 밤까지 일하고 휴일에도 열심히 일하는데 몇 년 동안 휴가도 못 내고 있어요." 심지어 농담처럼 이렇게도 얘기합니다. "나처럼만 하세요. 돈이 도망갑니다."
그런데 이들은 돈에 인연이 없는 사람들과 어울리며 스스로 '부자가 되지 않는 방법'을 배우고 있는 것이나 마찬가지입니다. 인간은 자신이 생각한 모습 이상으로는 발전할 수 없습니다. 그러니 '나는 부자가 되는 데 취미가 없어'라고 생각한다면, 부자가 될 수 없다는 믿음과 이미지를 스스로 만들어 내는 것과 다름없습니다.

미국의 철학자 오리슨 S. 마든 Orison S. Marden 은 자신의 저서 《부의 비밀》에서 이렇게 말합니다.

"많은 사람들이 부자가 되기를 꿈꾼다. 하지만 정작 원하는 만큼의 부를 얻는 사람은 많지 않다. 가난한 현실보다는 가난한 생각, 자신은 가난하고 앞으로도 그럴 거라는 주눅 든 생각이 인생을 갉아먹고 있기 때문이다."

이솝 우화 '토끼와 거북이'에서 거북이가 토끼를 이길 수 있었던 이유는 무엇일까요? 토끼가 낮잠을 잤기 때문일까요?

거북이와 토끼가 달리기를 겨루기로 했을 때 누구도 거북이가 이길 것이라고는 생각하지 않았습니다. 그러나 거북이는 혼자서 묵묵히 걸었고 결국 골인 지점까지 다다랐지요. 거북이에게 '나는 토끼를 이길 수 없을 거야' 같은 마음은 전혀 없었습니다. 이기겠다는 마음만으로 실행에 옮겼기에 승리할 수 있었습니다.

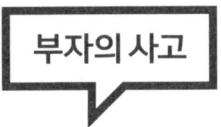

부자의 사고

"부자가 되는 건 누구나 가능해. 자격증을 따는 것이나 운전, 컴퓨터 다루기, 요리처럼 기술과 같은 거야. 재능이나 학벌은 필요 없어."

장사가 안 된다고 늘 한숨만 쉬고 있는 사람이 성공하는 것을 본 적이 있나요? 안 될 것이라 생각하고 부정적인 말만 내뱉으면 결코 성공은 기대할 수 없습니다. 부는 자기 자신에 대한 굳은 믿음에서 비롯됩니다. 아무리 능력이 출중해도 용기를 내서 자신의 신념을 바꾸지 않으면 힘든 인생을 살게 됩니다. 터닝 포인트turning point는 내가 만들 수 있습니다.

부자가 되고 싶다면 돈에 관한 이미지를 긍정적으로 바꿔야 합니다. 좋은 환경에서 살아가면서도 자신은 가난한 패배자라고 한숨만 쉬며 나아갈 방향을 잡지 못하고 있는 사람들이 많습니다. 그런 사람들이 가장 먼저 해야 할 일은 바로 목표 지점을 향해 고개를 돌리는 것입니다.

부자가 되고 싶다면 부를 이미 얻은 사람처럼 말하고 행동해야 합니다. 부를 원하면서 늘 빈부 격차만 이야기하고 가난, 낙오자 등의 주제에만 중독되어 있으면 언제 성공을 이야기하겠습니까? 손에 넣고자 하는 목표에 대한 마음가짐이 모든 것을 결정합니다.

미국의 앤드루 카네기, 헨리 포드, 빌 게이츠, 마크 저커버그,

고﹒ 정주영 현대그룹 명예회장, 박현주 미래에셋그룹 회장 등은 모두 부자가 되는 것만 생각했고, 실제로 부자가 됐습니다. 부와 성공에 대한 의심은 전혀 품지 않았습니다. 제가 인터뷰하면서 만나 온 부자, 소위 성공했다고 하는 사람들은 성공한 사람으로부터 노하우를 배우는 데 중독되어 있다고 해도 과언이 아닙니다. '꿈은 이루어진다'라고 매일 외치는 분도 있습니다.

시작은 가볍게, 즐거운 미래를 상상해 보세요. 단순하게 화려한 옷차림을 연상해도 좋습니다. 또는 고급 외제 차를 타고 돌아다니며 대저택에 살고 있는 이미지라든가, 부자가 된 미래의 삶을 선명하게 그리세요. 그러면 나를 둘러싼 환경이 달라집니다.

'내가 원하는 모습의 삶을 살려면 어떤 일을 하고 얼마나 많은 수입을 얻어야 할까?', '얼마나 저축을 하고 어떻게 자산을 형성해야 할까?' 하는 식으로 이미지를 하나씩 구축해 나가는 것입니다.

돈에 대해 긍정적인 이미지를 가진 사람들이 모이다 보면 부자가 되는 환경에 대해 말할 수밖에 없습니다. 그 생각대로 돈은 모이게 됩니다. 먼저 돈에 대한 부정적인 이미지를 끊어 버리세요. 그것이 부자의 첫걸음입니다.

가난한 사람은
연봉 인상만을
계획한다.

부자는
월급 외의 자산을
계획한다.

> 가난한 사람의 사고

"어떻게 하면 내 월급을 늘릴 수 있지? 이사님 연봉은 1억이 넘는다던데. 연봉 협상 때 잘 보이려면 열심히 일해야겠다."

사람들은 현재 수준의 월급만으로는 부자가 되기 어렵다고 생각합니다. 일을 더 열심히 해 승진하거나 다른 회사로 이직을 해야만 연봉이 올라 자산을 늘릴 수 있다고 믿죠.

대개 이 같은 믿음은 매년 조금씩 깨집니다. 그럼에도 불구하고 '언젠가는 모이겠지' 하고 안일하게 생각하고 있는 것 아닐까요? 월급에 의존하고 있으니까요. 만일 당신이 올해의 목표를 '연봉 올리기'라고 세웠다면 다시 한 번 생각해 보기를 바랍니다.

먼저, 고액 연봉을 받는 상사의 실수입은 생각보다 많지 않습니다. 연봉이 1억 원이 넘는다 하더라도, 급여가 지급되기 전에 세무 당국이 원천징수를 해 갑니다. 우리나라에서 9,000만 원 이상의 고액 연봉자는 연봉의 40%를 연간 소득세로 내야 합니다. 일 년 열두 달 동안 쉴 새 없이 일하면서 연중 3개월 이상은 나라와 회사를 위해 공짜로 헌신한다는 의미입니다.

연 수입으로 구분하면 1억 원 수준일 때 오히려 생활이 팍팍해질 수 있습니다. 다른 고소득자들처럼 품위를 유지해야 한다는 생각이 가난을 부르는 것입니다. 우선, 젊은 사람들은 월급이 오르면 차를 바꾸거나 기분에 따라 해외로 휴가를 떠납니다. 결혼을 했다면 집의 크기를 늘려서 이사를 갈 것입니다. 그처럼 지출 역시 늘어나기 때문에 저축을 하기는 더 어려워집니다.

이때 돈은 한마디로 '통장을 스치고 사라지는 숫자'가 되기 쉽습니다. 주택 담보 대출금도 갚아야 하고 신용카드 결제액이 불어나니 실질소득은 과거보다 오히려 줄어들지도 모릅니다.

게다가 경기가 침체되고 회사 운영이 어려워지면 가장 먼저 비용 절감의 대상에 오르는 것이 중간급 관리직입니다. 기업의 임원은 '임시 직원'이라는 우스갯소리도 틀린 말은 아닌 셈이지요.

"좋은 직장에 다닌다고 부자가 된다는 건 착각이야. 월급 외에 수익과 자산을 통해 현금이 들어와야 해."

부자는 돈을 벌어들이는 시스템을 구축하려고 합니다. 《부자 아빠 가난한 아빠》의 저자인 로버트 기요사키 부부는 새해 계획을 세울 때 '인세 수입을 전년 대비 ○% 늘리기', '주택 ○○채에서 임대 소득을 올리기' 하는 식으로 자산 계획을 세운다고 하죠. 돈의 흐름을 이용하는 겁니다.

앞서 언급했지만 연봉 1억 원이라고 해도 부자라고 보긴 어렵습니다. 그저 '고소득', '연봉이 많다' 정도로 말할 수 있을 뿐입니다. 그러면 진짜 부자의 기준이 따로 있을까요? 금융권에서 설문 조사를 실시할 때 상정하는 부유층의 기준은 '금융자산 10억 원'입니다. KB금융경영연구소가 발표한 '2016년 한국 부자 보고서' 역시 금융자산 10억 원 이상을 보유한 사람들을 대상으로 조사한 것입니다.

고액자산가를 대상으로 영업하는 PB(프라이빗 뱅커)에게 물어보면 순 금융자산이 10억 원은 되어야 VIP로 관리한다고 얘기합니다. 금융자산 10억 원이 있더라도, 거주 중인 아파트의 가격이 12억 원에 대출금 5억 원이 있다면 부자다운 생활을 한다고 보기는 어렵기 때문이지요.

하지만 순 금융자산이 10억 원이라면 이야기가 달라집니다. 요즘은 저금리 기조가 장기화되면서 5%대 수익률도 양호하다고 봅니다. 만일 연 5%의 수익률이라면 10억 원을 보유한 자산가는 단순히 계산했을 때 연 5,000만 원의 현금 흐름이 발생합니다.

5% 수익률이 과하다면 3%로 설정해 볼까요? 그러면 3,000만 원입니다. 10억 원으로 얻는 수익이 이 정도면 별것 아니라고 생각할지도 모르겠습니다. 그러나 자산을 통해 발생하는 수입이 연간 3,000~5,000만 원이라면 일을 하지 않아도 최소한의 생활은 가능하다는 이야기입니다.

자산 규모를 조금 불려 볼까요? 보통 부자다운 생활을 하려면 월 수령액이 1,000만 원은 되어야 한다고 말합니다. 부유층 관련 보고서에서 이들의 월평균 지출액을 봐도 1,000~1,200만 원이지요. 이 정도의 생활이 가능하려면 자산이 얼마나 있어야 할까요? 부채를 제외하고 순 금융자산이 30억 이상은 되어야 합니다. 이를 연 3% 수익률로 계산하면 1개월에 800~1,000만 원이 도출됩니다. 5% 수익률이라면 월 1,000만 원 이상을 안정적으로 얻을 수 있습니다. 일을 하지 않고도 이 정도의 수입을 얻을 수 있다는 것. 돈과 시간으로부터 자유로움을 의미합니다.

그런데 부자는 일을 하지 않을까요? 그렇지 않습니다. 대개 따로 직업을 갖고 있으며 이를 통한 수입도 얻습니다. 회사에서 받은 월급은 취미 생활에 지출할 수도 있고 생활비에 사용할 수도 있습니다. 직업이나 연봉에 관계없이 순 금융자산 30억 원이 있으면 연 소득 2억 원인 고소득자보다 여유로운 생활을 할 수 있는 것입니다.

즉, 부자를 증명하는 핵심은 자산입니다. '성실히 일해서 승진도 하고 연봉이 오르면 돈이 모일 것이다. 그렇게 부자가 될 수 있다'라고만 생각하면 부자가 되기 어렵습니다. 부자가 되기 위해 거쳐야 할 첫 단계는 나와 부자의 모습에 어떤 차이가 있는지를 아는 것, 또 그 간극을 줄이기 위한 행동에 나서는 것입니다.

가난한 사람은
돈을 높이 쌓아야 한다고
생각한다.

부자는
돈이 물처럼 흘러야 한다고
생각한다.

가난한 사람의 사고

"부자가 되려면 무조건 돈을 모아야 해. 한번 쌓아 둔 돈은 절대 사라지지 않으니까."

돈은 우리 몸의 혈액과도 같습니다. 우리가 마신 물이 몸 구석구석을 돌아 배출도 잘 되어야 건강해집니다. 이처럼 돈도 나의 지갑에 들어왔다가 원하는 곳으로 흘러 나가야 개인과 주변 사람들의 경제 사정이 좋아집니다. 돈의 흐름을 잘 활용하면 삶의 질이 개선되고 부자가 되는 방법도 더 빨리 터득할 수 있지요.

그런데 어떤 사람들은 부자가 되려면 무조건 아끼는 게 답이라고 생각합니다. 짠돌이·스크루지 유형입니다. 물론, 불필요한 지출을 줄이고 그 돈을 모아서 불리는 것이 기본적인 투자 습관입니다. 하지만 움켜쥐고만 있다면 결코 부자가 될 수 없습니다.

예를 들어, 어떤 만남이든 누군가가 밥을 사 주면 참석하고 자신이 사야 할 때에는 쏙 빠지는 얌체 같은 사람이 꼭 있습니다. 그들은 여럿이 택시를 탈 때도 운전자 옆 보조석은 피하죠. 보조석에 앉으면 돈을 낼 가능성이 높으니까요. 이런 사람들이 선호하는 자리는 아마도 뒷자리의 오른쪽 좌석일 겁니다. 탔다가 제일 먼저 내릴 수 있는 자리. 사실 주변 사람들은 이미 다 알고 있습니다.

이렇게 행동하면 돈을 모을 수 있을까요? 작은 돈을 모을 수는 있을 것입니다. 하지만 티끌 모아 '티끌'일 뿐 부자가 되기는 힘듭니다. 인색한 사람이라는 평가가 쌓이면 주변 사람들이 하나둘 떠날 테니까요. 돈을 버는 기회는 사람을 통해 옵니다. 결국 몇천 원 아끼겠다고 몇백 배 가치를 높일 성장의 기회를 놓치는 셈입니다.

혈액순환이 되지 않으면 온몸이 쑤시고 병이 나듯 절약이 지나치면 마음도 가난해집니다. 그리고 돈을 아끼려고 시작했던 것이 나중에는 정말 가난하기 때문에 절약을 해야 하는 안타까운 상황으로 이어집니다. 돈 쓰는 것이 아까워 사람도 피하고 도움이 될 만한 좋은 공부도 포기하고 있다면, 자신이 돈의 흐름을 막고 있는 게 아닌지 생각해 봐야 합니다.

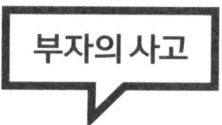

"돈은 모으는 것만큼 쓰는 것도 중요해. 모으기만 한다면 흐름

이 막혀서 부작용이 생길 거야."

그럼 부자들은 돈에 대해 어떻게 생각할까요? 그들에게는 저축도 절약도 모두 돈을 잘 사용한다는 것을 의미합니다. 그래서 소비를 할 때나 돈을 모을 때, 또 투자할 때 항상 미래 가치를 생각합니다. 물건을 구입하더라도 나에게 가치 있는 것이라면 가격에 구애받지 않고 돈을 지불하죠. 장기적으로 그 이상의 부가가치를 얻을 것이란 확신이 있으니까요.

부자들은 인간관계에서도 상대방과의 만남으로 나의 기분이 좋아지고 행복해진다면 돈을 쓰는 이유로 충분하다고 여깁니다. 그 돈은 나중에 자신에게 어떤 형태로든 더 많은 부로 돌아오기 때문이지요.

투자도 마찬가지입니다. 부자들은 돈을 지렛대 삼아 부를 늘리고 금융 시스템 하에 순환시키며 부를 창출합니다. 하지만 보통 사람들은 예금통장에 돈을 넣어 두고서 안심하고 싶어 합니다. 그들은 무조건 돈을 손에 쥐고 있어야 안전하다고 생각합니다. 한 푼이라도 잃어버릴까 두려운 것이죠.

하지만 은행에 돈을 넣어 두는 것이 과연 얼마나 이득이 될까요? 1,000만 원을 은행에 예치하면 2% 금리일 때 연간 20만 원을 이자로 받을 수 있습니다. 월 2만 원이 채 되지 않는 금액입니다. 그런데 체감 물가 상승률이 2.7%임을 감안하면(2017년 통계청 자료 기준), 오히려 마이너스입니다. 즉, 1,000만 원의 가치가 약 999만 원으로 줄어든다는 이야기입니다. 은행에 돈을 지불하면서 내 돈을 맡기고 있는 셈입니다.

그래도 여전히 예금통장에 돈을 넣겠다는 사람들이 있습니다. 이는 손실이 무서워 피하겠다는 것인데, 이에 대해 존 리 메리츠 자산운용 대표는 이렇게 해석합니다.

"갓 취직한 신입 사원이 회사에 가려고 길을 건너다가 사고를 당할 뻔했어요. 그래서 보험에 가입하죠. 그런데 그 뒤로 사고가 무서워 집 밖에 나가지 않는 것과 같은 이치입니다. 집에서 나가지 않으면 몸이 다칠 위험은 없죠. 하지만 일을 못 하니 돈도 벌지 못합니다. 그게 바로 은행에 예금하는 것과 같습니다."

20년 전 짜장면 한 그릇의 가격은 1,000원. 지금은 4,000원입니다. 돈을 침대 아래에 차곡차곡 쌓아 두기만 한다면 인플레이션을 감안할 때 시간이 흐를수록 그 가치가 떨어지는 결과를 초래합니다. 돈은 곳간에 쌓아 놓기만 하는 게 아니라 투자를 통해 불려야 합니다. 최소한 인플레이션 수준을 넘어서는 자산으로 만들어야 부를 쌓을 수 있습니다.

가난한 사람은
돈만 많으면 부자가 될 거라고
생각한다.

부자는
돈을 활용할 수 있는 지혜를
중요하게 생각한다.

> 가난한 사람의 사고

"1억 원이 어디서 뚝 떨어지면 좋겠다. 그러면 한적한 곳에 작은 커피숍 하나 차려서 여유 있게 살 텐데……."

  부자를 꿈꾸는 사람들은 늘 돈이 부족해서 아쉬워합니다. 그래서 편의점을 지나가다가 가끔 로또를 사면서 이런 상상을 합니다. '돈이 하늘에서 뚝 떨어지면 사업도 하고 부자들처럼 투자도 하면서 돈을 굴릴 텐데' 하고 말이지요. 하지만 원하는 돈이 손에 들어오면 정말 부자가 된 것일까요? 그렇지 않습니다. 그 돈을 지킬 줄 모르면 그것으로 끝이기 때문입니다.
  예를 들어 평범한 직장인 A 씨에게 1억 원이 생겼다고 가정해 봅시다. 그는 이 돈을 굴리기 위해 금융기관에 위탁할 것입니다. 과거에 투자를 해 본 경험이 있다 해도 돈을 직접 운용하기는 부담스러울 테니 은행이나 증권사 내에서 자산을 관리해 주는 프라이빗뱅크$_{PB}$에 맡기겠지요. 하지만 금액을 구체적으로 맡기지 않으면 수수료가 저렴한지, 프라이빗뱅커가 과연 믿을 만한 사람인지 100% 확신하기 어렵습니다.

그러면 이 1억 원으로 카페를 차린다고 가정해 볼까요? 카페 한 곳을 계약하려 해도 상가 임대차 보호법을 파악하기 위해 각종 기사를 뒤져 봐야 합니다. 중개소를 통해 계약하더라도 수수료를 지불해야 합니다. 카페의 인테리어 공사는 또 어느 곳이랑 계약해야 할까요? 적정 가격이 어느 정도 선인지를 판단하는 것도 쉽지 않습니다. 식재료를 들여올 때는 식품위생법을 지켜야 한다는 사실까지 깨닫게 됩니다. 사업자 등록증은 또 얼마나 복잡한지요.

이렇게 얘기하면 혹자는 '거참, 아웃소싱하면 되지 뭘 그리 복잡하게 생각하나' 하고 핀잔을 줄지도 모르겠습니다. 물론, 그 방식도 가능합니다. 그러나 자산을 쌓아 둔 부자가 아닌 이상, 1억 원으로 사업을 시작할 때에는 비용을 줄이는 것이 가장 중요합니다. 초반부터 인건비를 쓰게 되면 남는 게 하나도 없기 때문이지요.

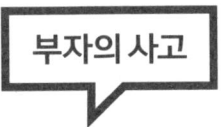

"10억 원이 생긴다 해도 관리할 역량이 없으면 부를 유지할 수 없어. 부자가 부자로 살아가려면 돈을 사용하는 지혜가 필요해."

돈은 단지 액수만큼의 가능성, 그 이상도 이하도 아닙니다. 중요한 것은 돈을 활용하는 지식과 지혜입니다. 우리를 부자를 만들어 주는 것은 바로 지혜입니다.

한때 현금만 30억 원 가까이 보유할 정도로 부자였던 유명 가수가 매월 몇천만 원씩 빚을 갚고 있다는 사연을 텔레비전 등을 통해 들어 봤을 것입니다. 이는 돈을 지키는 원칙과 습관이 몸에 배지 않았기 때문입니다. 돈이 많아도 관리 역량이 부족하면 악의를 품은 사람들의 미끼가 되기 쉽습니다. 연예인만 그럴까요. 가족 중 한 사람이 밤낮 없이 일해서 돈을 벌면 다른 한 사람은 그 돈을 쓰는 데에 천부적인 재능을 발휘하기도 합니다.

얼마 전, 제가 운영하는 웹 사이트에서 추첨을 통해 경제 관련 서적을 증정하는 이벤트를 열었습니다. 여기에 어린 고등학생이 신청을 했더군요. 기특하다는 생각에 책을 더 보내 주기로 하고 학생에게 좋아하는 책이 무엇인지 물었습니다. 《경제학이 필요한 시간》을 재미있게 읽었다고 하더군요. 불과 10대 후반의 어린 학생이지만 '경제 나이'는 10년쯤 빠르다고 볼 수 있습니다.

일류 명문대를 졸업한 뒤 번듯한 직장에 다니는 30세 성인이라 해도, 경제에 대한 개념이나 돈에 대한 관념을 제대로 갖고 있지 않다면 경제 나이는 뒤처진 것입니다. 좋은 직장에 다니며 수입이 많아도 그 돈은 금방 사라지니까요. 10년 동안 돈의 감각을 익혀온 친구와 학교 지식만 쌓은 엘리트. 이 둘에는 분명한 차이가 있을 것입니다.

하지만 당신이 늦었다는 것은 아닙니다. 눈앞에 보이는 모든 것이 돈에 대해 공부할 수 있는 환경이니까요. 다만, 스스로 배우고 익히는 게 중요합니다. 누군가가 당신에게 돈을 버는 법이나 수익률 높은 금융 상품을 알려 줘도 듣지 마세요. 돈을 지키고 불리는 지혜가 없으면 잃는 것은 순식간입니다. 현명한 부자가 되려면, 돈이 들어오기를 바라지 말고 돈을 관리하는 역량을 키워야 합니다. 진정한 부자를 만들어 주는 힘은 돈이 아니라 돈을 대하는 지혜입니다.

가난한 사람은
작은 지출에
무감각하다.

부자는
허튼 지출에
예민하다.

가난한 사람의 사고

"스마트폰 신형 모델이 나왔네! 이참에 바꿔야겠다. 이런 거라도 안 하고 살면 무슨 재미야."

부자가 되는 것은 우리 모두의 꿈입니다. 하지만 가난에서 벗어나지 못하는 사람들에게 공통되는 것은 자신의 생활 속에서 가난을 부르는 습관을 반복한다는 사실입니다.

'나도 꼭 부자가 될 거야! 하지만…… 이 정도 월급이면 괜찮은 것 아닐까? 모든 걸 다 가질 순 없잖아.'

이런 생각을 해 본 적이 있을 것입니다. 몸에 밴 생활 습관이나 사고방식을 바꾸는 건 그만큼 귀찮고 어려우며 단단한 각오가 필요한 일입니다.

그럼에도 불구하고, '나는 가난하니까 돈을 모으기 어렵다' 하는 생각만큼은 가장 먼저 바꿔야 합니다. 쥐꼬리만 한 월급인데 어떻게 모으겠냐는 생각 말이지요.

많은 사람들에게 월급은 통장에 잠시 찍혔다가 사라지는 숫자일 뿐, 실제로 만져 보지도 못하고 오히려 잔고는 마이너스가 될 때가 흔하지요. 그래서인지 월급으로 돈을 모으기는 어렵겠다고 단념하는 경우가 많습니다.

하지만 소득이 많아야 부자가 되는 것일까요? 내가 가난한 이유는 수입이 적어서가 아닙니다. 돈을 써서 가난한 것입니다. 내 이웃이 쓰는 만큼은 써야 할 테니까요.

가난에 대한 잘못된 생각이 가져오는 또 다른 습관은 '쓸데없는 겉치레 정신'입니다. 통신비가 대표적인데요. "생활이 어렵다", "돈 벌기 어렵다" 하고 하소연하지만 가정에서 지출하는 통신비를 종합해 보면 20~30만 원을 훌쩍 넘기는 경우가 많습니다.

여기에 스마트폰은 약정 기간이 끝날 때마다 꼬박꼬박 바꾸고, 컴퓨터나 노트북도 모두 한 대씩은 소유하고 있죠. 다른 사람들이 갖고 있는 것은 자신도 가지고 있어야 한다고 생각하는 겉치레 정신이 가난을 초래합니다.

"1원이든, 1억 원이든, 이유 없는 지출은 하지 않는 게 원칙이야.

줄줄 새는 돈은 참을 수 없어."

　부자들은 어떨까요? 굳이 2년에 한 번씩 새로운 스마트폰으로 바꾸거나 데이터 무한 요금제를 선택하지 않습니다. 제가 아는 후배는 얼마 전 4만 원 요금제의 알뜰 폰으로 바꿨다고 하더군요. 데이터는 무제한으로 사용이 가능하고요. 스마트폰은 최신 제품이 아니었지만 실속은 제대로 챙긴 셈입니다. 이 친구에게 종잣돈을 어떻게 모으고 있는지 물어보니 만기를 채워 가는 상품을 2~3개 갖고 있다고 했습니다. 출발부터 다르지요.
　물론 요즘은 스마트폰에 버그$_{bug}$가 많아지면서 2년마다 새로운 것으로 교체하는 편이 비용 절감 측면에서 오히려 낫다는 사람들도 많습니다. 그렇다면 다행입니다. 감동을 주는 제품은 무조건 구입해야 한다며 A사의 제품을 시리즈별로 수집하는 투자사 대표도 있으니까요.
　사실 이런 건 큰 문제가 되지 않습니다. 중요한 것은 자신의 지출에 대한 기준입니다. 즉, 소비를 할 때 그 '목적'이 분명해야 한다는 의미입니다.
　통신비는 요령껏 얼마든지 아낄 수 있는 비용입니다. 하지만 많은 사람들은 이를 서로 비교하고 검토하는 것이 번거로워 포기하고 맙니다. 평소 슈퍼마켓에서 음료수 하나를 사도 가격이 저렴한 것을 따져 가며 구입하지만, 보험이나 금융 상품, 통신비를 비교하는 것은 어렵고 귀찮다며 적당히 듣고 가입해 버립니다.

부자가 부자인 것은, 돈에 대해 확실하기 때문입니다. 정확하게 비교하고 자신이 정한 기준에 부합해야 선택하지요. 필요하지 않다고 생각하면 1원도 쓰지 않는 것이 원칙입니다.

돈이라는 것에 의지가 있다고 상상해 보면, 돈도 자신을 엉성하게 관리하고 언제 나가는지 모르게 쓰는 사람보다는 소중하게 관리하고 써야 할 곳에 내어 주는 사람에게 가고 싶지 않을까요. 부자들은 어떻게 하면 돈에게 사랑받을 수 있을까를 항상 생각하고 실천하니 돈이 모일 수밖에 없습니다.

가난한 사람은
부채를 구입하고
자산이라 착각한다.

부자는 자산을 구입해
돈이 돈을 부르는 방안을
고민한다.

가난한 사람의 사고

"주택 담보대출을 받긴 했지만 내 집이 생겨 뿌듯하네. 대출금 갚으려면 더 열심히 일해야겠다. 조금씩 갚다 보면 언젠가는 부자가 되겠지."

돈에 대한 공부에서 '자산'과 '부채'를 구별하는 것은 기초 중의 기초입니다. 부자가 생각하는 자산과 보통 사람이 생각하는 자산의 기준은 서로 다를 수 있습니다.

대출을 받아 구입한 내 집은 자산일까요, 부채일까요? 누군가가 당신에게 재산이 어느 정도 되는지 질문한다고 가정해 봅시다. "5억 원짜리 아파트에 살고 있어요"라고 대답한다면 당신은 스스로 괜찮은 수준이라고 생각할 수 있습니다.

그런데 이는 자산일까요? 《부자 아빠 가난한 아빠》의 저자 로버트 기요사키의 대답은 '아니다'입니다. 그의 기준에서 자산은 현재 내 지갑을 두둑하게 해 주는 것입니다. 반대로 내 지갑에서 돈을 가져가는 것은 모두 부채라고 봅니다.

많은 중산층이 5억 원 상당의 아파트를 소유했으니 자산이 많다고 여깁니다. 하지만 잘 생각해 보면 월급의 약 30%가 주택 담보대출의 원리금을 갚는 데 나갑니다. 결국 집은 내가 받은 월급 즉, 내 주머니에서 돈을 가져가는 자산, 정확히는 부채입니다. 나는 아파트를 위해 일하고 있는 것입니다.

그러면 내가 내고 있는 돈을 가져가는 이는 누구일까요? 바로 '은행'이지요. 따라서 내가 살고 있는 아파트의 주인은 내가 아니라 은행입니다. 은행은 매월 꼬박꼬박 내 월급에서 돈을 빼내어 자신의 주머니를 채우고 있습니다. 아파트가 내 명의로 되어 있긴 하지만 사실 은행의 자산인 셈이지요. 중산층은 열심히 일하면 '마이 홈'도 생기고 언젠가 돈도 모이겠거니 생각하지만 이는 결코 쉽지 않습니다.

물론, 자산 가치가 상승하면 이것이 가능할 수도 있습니다. 그러나 집이 한 채일 경우, 자산 가치가 상승한들 기분 탓에 소비만 늘릴 것입니다. '나, 10억짜리 아파트에 사는 사람이야' 하는 생각으로요. 하지만 앞으로 자산 가치의 상승을 기대하기는 쉽지 않습니다. 오히려 하락을 우려하는 시대입니다. 부동산 가격 상승을 기대했다가 금융 위기에 직격탄을 맞아 주머니 사정이 더 어려워진 이들도 이미 많습니다. 특정 지역의 가격이 오를 것이라는 기대가 여전하지만, 그러한 도박의 대가는 너무나 클 것입니다.

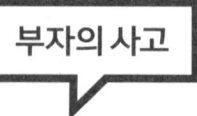

"대출을 받아서 집을 산다고? 그건 은행에 내 월급을 갖다 바치는 것이나 다름없어. 차라리 빚을 잘 활용해 현금 흐름이 나올 수 있는 방안을 궁리하겠어."

시대에 따라 부의 기준도 달라지고 있습니다. 과거에는 부자도 은행에 돈을 예치하고 부동산에 투자하면서 수익을 올렸습니다. 하지만 오늘날 부자가 가장 중요하게 생각하는 것은 현금의 흐름입니다. 부자가 보는 자산과 부채의 기준은 그리 복잡하지 않습니다. 월별 현금이 플러스가 되는 구조를 만들어 주면 이는 자산입니다. 부자가 되고 싶다면 내 주머니를 두둑하게 만드는 작업을 지속하면 됩니다.

부자의 관점에서는 아파트나 주택을 구입하기 위해 총액의 80%를 대출받는 것 등은 무모한 일입니다. 대신 내 주머니를 불려 주는 자산에 투자합니다. 아파트나 임대주택을 보유해서 이를 통해 매월 임대료 수익을 받을 수 있는 구조를 만들어 두는 것입니다. 또는 주식과 채권을 포함한 금융 상품, 금으로 불로소득을 얻는 등 다양한 사례가 있습니다.

    월간 지출 대비 수입을 현금 흐름, 즉 불로소득을 통해 매달 얻는다면 경제적 자유(돈을 위해 일하지 않아도 되는 상태)를 손에 넣을 수 있습니다. 자산을 늘리는 것은 전지를 직렬로 연결해 전기를 얻는 것이 아니라, 병렬로 연결해 전기를 얻는 과정입니다. 전지 하나가 사라진다고 해서 전력 공급이 끊길까 봐 전전긍긍하지 않아도 되는 것이죠. 그러면 돈이 줄어드는 이야기가 아니라 돈이 돈을 부르는 이야기를 만들 수 있습니다.

가난한 사람은
노후를 위해
저축한다.

부자는
해외여행을 가기 위해
저축한다.

가난한 사람의 사고

"앞으로 어떻게 될지 모르니 노후를 위해 돈을 모아야지. 그런데 모으려고 해도 잘 모아지지가 않아……. 힘만 드네."

저축은 쉽지 않습니다. 저축을 잘 못하는 사람들 중 대부분이 "당장 눈앞의 생활이 어려워지기 때문에 저축은 무리예요"라고 말합니다. 저 역시 결혼 전까지는 저축액이 제로 혹은 마이너스인 상태를 전전하며 생활했으므로 그 심정을 잘 압니다.

저축이 힘든 것은 사실입니다. 그러나 이를 당연하다고 느끼는 것은 큰 착각입니다. 똑같은 월급에도 분명 돈을 모으는 사람이 있고 그렇지 않은 사람이 있습니다. 돈이 쌓이지 않는 사람에게는 역시 이유가 있다는 의미입니다.

저축을 해도 돈이 좀처럼 모이지 않는다는 지인과 대화를 나눈 적이 있습니다. 그런데 그가 저축을 하는 이유는 단지 '모아야 하기 때문에 모은다'는 것이었습니다. 그래서 저축하는 재미도 없었지요. 남들이 젊을 때 모아야 한다고 하니 자신도 그렇게 해야겠고, 그러다 보니 빠듯한 생활에서 오는 긴장감과 눈앞의 무언가를 절약해야 한다는 압박감 외에는 달리 생각할 수 없다고 했습니다.

아무 생각 없이 돈을 쓰는 것이 무의미한 것처럼, 목적 없이 돈을 모으는 저축 또한 가치가 적습니다. 오래가지도 않고요. 이는 나의 인내를 시험하기 위한 저축이나 다름없습니다. 참는 것도 쉽지 않은 데다, 참지 못하면 괴롭기까지 하지요. 때문에 가능하면 이런 일 자체를 피하고 싶은 것이 평범한 사람의 마음입니다.

돈을 모으지 못하는 사람들은 "사회가 불공평하다", "은행이 멀다", "불편하다", "월급이 적다", "고용 상태가 불안하다" 등 수많은 이유를 늘어놓습니다. 그러나 근본적인 이유는 하나입니다. 오로지 저축 그 자체가 목적이기 때문입니다. 단지 모으기 위해서 돈을 쓰고 싶은 마음을 희생해야 하니 괴롭고, 즐겁지 않으니 포기하는 것입니다.

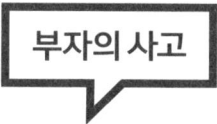

"돈을 모아서 꿈에 그리던 미국 여행을 다녀와야지. 3년 뒤에는 유학도 가고. 빠듯하긴 하지만 생각만 해도 신이 나!"

'당장 얼마 뒤에 돈을 쓰려고 하는 저축에 무슨 힘이 있다고' 하고 생각할지도 모릅니다. 하지만 가까운 미래를 위해 저축하는 발상은 매우 중요합니다. 우선 이 경우 목적이 분명하게 존재하고, 그 수단으로 저축을 선택했습니다. 저축하면서 지출을 줄여야 하는 괴로움은 있지만 그 결과는 보상으로 돌아오게 되어 있습니다. 즐거운 '여행'과 '유학'이 기다리고 있기 때문입니다. 이는 저축에 따르는 어려움을 상쇄해 주는 역할을 합니다. 노력 끝에 따라올 보상을 체험하는 것이라고 봐야겠지요.

저축 자체로는 돈을 모으기가 쉽지 않습니다. 고생스럽기 때문입니다. 물론 액수가 늘어나는 것만으로 즐겁다고 말하는 이도 있습니다. 그러나 이 역시 숫자가 늘어나는 것이 곧 내가 뭔가를 이룰 수 있겠다는 목표 달성이나 성취와 연결되기 때문 아닐까요? 결국 저축의 목적을 빨리 깨닫는 사람이 돈을 많이 모으는 법을 알게 됩니다.

살면서 돈을 모을 때 여행만 목적이 되는 건 아닙니다. 처음에 여행을 목적으로 시작한 저축, 그것을 성공시키는 경험이 중요합니다. 이를 발판 삼아 이후에 유학 자금 또는 사업 자금을 위해 돈을 모으고 또 모으는 힘이 나오는 것입니다. 결혼할 시기가 다가오면 결혼 자금을 위한 저축이나 주택 구입을 위한 저축, 또 자녀가 태어나면 교육비 마련을 위한 저축 등 구체적인 목적을 떠올릴 수 있지요. 그 무렵에는 구체적인 목표액을 정하는 데에도 능숙해질 것입니다.

저축 시작 시기를 앞당기면 저축하는 감각을 빨리 익힐 수 있으므로 노후를 준비하는 자세도 달라집니다. 매월 적립하는 금액이 적더라도, 일찍 시작하면 노후 자금을 비교적 쉽게 마련할 수 있다는 것을 깨닫게 되지요. 직장 생활을 시작할 때부터 국민연금이나 퇴직연금을 준비하는 것입니다.

지금도 늦지 않았습니다. 돈이 모이지 않는 것 같아 마음이 불편하거나 고통스럽다면, 잠시 앉아서 돈을 저축하는 이유와 목적을 리스트로 정리해 보는 것은 어떨까요? 저축과 절약의 고통에서 당신을 해방시켜 줄 '목적'을 발견할지도 모릅니다.

가난한 사람은
세계 경기가 어려워지면
월급을 걱정한다.

부자는
세계 불황과 개인의 불황은
별개라고 생각한다.

가난한 사람의 사고

"경기가 점점 어려워지고 있어. 예전에는 이 정도는 아니었는데……. 우리 회사도 안심할 수 없겠어."

우리나라가 저성장·고령화라는 국면을 맞이하며 많은 사람들 사이에서는 돈을 벌기가 더 어려워질 것이라는 불안감이 커지고 있습니다. 하지만 이는 돈이 점점 줄어들 거라는 잘못된 생각에서 비롯된 것입니다.

많은 사람들은 경기가 어렵다고 하면 내 직장도 위태로워질 것이라고 생각합니다. 이런 두려움이 커지면 흔히 경제 신문에서 언급하는 소비자심리지수CCSI가 뚝 떨어집니다. 이 뉴스를 접한 사람들은 실제로 소비를 줄이고, 돈이 돌지 않아 자영업자의 매출은 줄고 기업 수익도 급감합니다. 경기가 어렵다는 두려움이 만들어 낸 결과입니다. 심리란 그래서 무섭습니다.

반면, 부자는 보통의 사람들이 간과하는 점을 파고듭니다. 바로 자산을 불릴 수 있는 적기는 호황기가 아니라 불황기라는 사실입니다. KB금융경영연구소는 경기가 좋다고 평가된 적이 단 한 번도 없던 2011년부터 매년 '한국 부자 보고서'를 발표하고 있습니다. 그런데 금융자산 10억 원 이상을 보유한 부자는 매해 10%씩 늘고 있습니다. 또한 이들의 자산은 318조에서 476조로 불어났습니다.

경기가 좋아져야 돈을 벌 수 있다는 생각은 착각입니다. 투자를 하거나 돈을 버는 데에 언제가 더 좋았거나 나빴다고 말할 수 있는 시기는 따로 존재하지 않습니다.

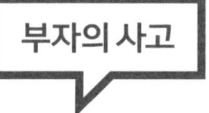

"세계적인 불황과 나의 불황은 달라. 불황이 문제가 아니라 불황을 바라보는 사람의 마음이 문제야."

기업도 마찬가지입니다. 경기가 좋을 때면 좋은 대로, 어려울 때면 어려운 대로 잘하는 기업들이 살아남습니다. 해외에서도 IBM이나 월트디즈니, 마이크로소프트, 도미노 피자, 이케아 등 글로벌 기업 모두 불황일 때 일어선 기업입니다. 일본에서는 장기 불황일 때 소프트뱅크, 유니클로, 세븐일레븐이 비약적 성장을 기록했지요.

1981년에 소프트뱅크를 창업한 손정의 회장은 10년 뒤 연 매출 500억 엔의 회사를 만들겠다고 선언했습니다. 당시 전 직원이 아르바이트 사원 2명에 불과했지만, 이후 1994년 매출액이 약 1,000억 엔이었으니 목표를 200% 달성한 셈입니다. 1990년대에 일본이 버블 경제 붕괴로 0% 전후의 성장을 보인 것을 감안하면 대단한 수준입니다.

일본의 언론 매체들은 손 회장의 강한 리더십과 성장에 대한 의지를 높이 평가합니다. 창업 때부터 그는 "세계 1위 기업이 되겠다", "300년 이상 성장을 지속하는 기업이 되겠다"라고 자주 말해 왔다고 합니다. 후퇴라는 사고방식은 그의 머릿속에 아예 존재하지 않습니다.

세븐일레븐은 경기와 무관하게 점포 수가 계속 늘고 있는 기업입니다. 편의점에서 판매하는 제품들은 가격이 마트보다 저렴하지 않습니다. 오히려 슈퍼마켓이나 백화점보다도 비쌉니다. 그런데도 세븐일레븐을 이끄는 스즈키 도시후미 회장은 여전히 편의점 수를 더 늘릴 수 있다고 자신합니다. 그만큼 고객 만족이라는 원칙에 충실하다는 것이지요.

하이테크 분야의 소프트뱅크, 가격 경쟁력과는 거리가 먼 세븐일레븐. 서로 다른 분야이지만 모두 성장 의지가 굳건한 경영인이 있는 기업입니다. 부자가 되는 사람은 어떤 환경에서든 이익을 내기 위해 최선의 노력을 다할 뿐, 경기 탓을 하지 않습니다. 주어진 상황에서 '왜'라고 묻는 것이 아니라 '어떻게' 극복할 것인지를 두고 답을 찾기 때문입니다.

가난한 사람은
부자가 되기를
꿈꾼다.

부자는
5년 내에 1억 모으기를
목표로 한다.

가난한 사람의 사고

"나도 저런 멋진 전원주택에 살고 싶다! 그때 샀던 주식을 팔지만 않았더라면……."

누구나 부자가 되고 싶어 합니다. 하지만 이를 실현하는 사람은 많지 않습니다. 평범한 사람들은 자신의 어떤 결정이 실패를 부를까 봐 결국 아무것도 하지 못하기 때문입니다. 그렇게 포기하고는 애초에 자신이 예상했던 결과대로 나오면 "나도 알았다니까", "역시 내 예감은 틀리지 않아" 하고 뒤늦게 이야기합니다. 그러나 끝내 아쉬움이 남습니다. 왜일까요? 알면서도 행동으로 옮기지 못했기 때문입니다. 부자가 되는 사람과 그렇지 못한 사람의 결정적 차이는 목표를 이루는 방법에 있습니다.

맑은 공기에 푸른 잔디가 보이는 전원주택에 살고 싶은 꿈이 생겼다고 가정해 봅시다. 보통의 사람들은 '저런 집은 가격이 얼마나 될까? 예전에 여기 전망이 좋다는 말 들었을 때 사 놓을걸' 하며 혹시 지금이라도 괜찮은 땅이나 매물이 없을지 부동산 정보를 뒤적거립니다. 그러나 이내 '그런 집에 사는 사람들은 원래부터 부자였거나 전문직이겠지' 하며 위안을 삼습니다. 그러고는 씁쓸한 기분을 해소하려고 친구를 불러 술 한잔 기울이기도 하죠. 자신이 꿈꾸는 집에 살기 위해서는 보통의 소득으로는 안 될 것이라며 체념합니다.

> **부자의 사고**

"일단 오늘 내가 할 수 있는 것부터 실천하자. 하루에 만 원씩 저금해 볼까? 살고 싶은 집의 사진도 벽에 붙여 놓자."

실제 그런 전원주택에 살고 있는 A 씨는 어떻게 집을 마련했을까요? A 씨는 평범한 회사원입니다. 그에게 다른 점이 있다면, 꿈을 이루기 위해 구체적인 행동 계획을 세웠다는 것입니다. 이것이 결정적인 차이입니다. 부자들은 꿈을 이루기 위해 '하루 만 원이라도 돈을 모아 보자', '5년 안에 1억을 모으자' 등 구체적인 계획을 세웁니다.

매일 몇천 원에서 몇만 원씩 저금하다 보면 주변의 주택이나 아파트가 내 것처럼 보이기 시작할 것입니다. 막연했던 꿈이 '이런 모양의 지붕도 예쁘구나', '여긴 주방이 멋지네' 하면서 점점 구체적으로 바뀌어 갑니다.

만 원씩 매일 모아서 언제 전원주택을 구입할 수 있겠냐며 의구심을 보이는 이들도 있을 겁니다. 하지만 하루에 만 원이라도 저축하는 행동을 꾸준히 실천하다 보면, 꿈이 점점 구체적인 목표가 되면서 이를 실현하기 위한 의지와 아이디어가 모이기 시작합니다. 꿈이 현실로 다가오는 순간은 이런 것입니다.

5년이 지나 A 씨는 분명 1억 원을 모았을 겁니다. 그러면 그는 '비슷한 동네에 중고나 경매로 나오는 물건도 있던데 한번 알아볼까?', '근처 아파트는 시세가 어느 정도 일까?', '일단 주변 지역에 살면서 좋은 집이 나올 때를 기다려 보자' 하고 생각할 수 있습니다. 이런 식으로 자신의 꿈에 한발 다가가는 것입니다.

만일 내 요리를 대접할 음식점을 열겠다는 꿈이 있다면, 지금 일하는 음식점에서 요리를 하더라도 배우는 자세로 더 열심히 할 수 있습니다. 예비 경영자로서 현재 일하는 곳의 경영이나 기술 등을 자신의 것으로 더욱 체화하려고 노력하겠지요.

그런 노력에는 행운도 따라오게 되어 있습니다. 행운은 가만히 있는 사람에게는 결코 찾아오지 않습니다. 행동하는 자만이 행운을 얻을 수 있으며, 기회는 행운을 얻은 자가 누리는 특권입니다.

예를 들면, 당신이 일하는 모습을 눈여겨본 주인이 근처에 분점을 낼 계획인데 그곳을 맡아 달라고 제안해 올 수도 있습니다. 가게 주인이 된 모습을 상상하면서 꿈을 향해 준비하다 보면 꿈이 현실로 다가오는 순간을 맞이하게 됩니다. 꿈을 이루지 못하는 사람이 있다면 그것은 그가 '꿈은 꿈일 뿐'이라고 여겼기 때문입니다.

간혹 꿈이 실현되지 않으면 어떻게 하느냐고 미리서부터 걱정하는 사람들이 있습니다. 기대도 하지 않는 게 좋다고 말하면서요.

하지만 실제로 꿈을 이루기 위해 하루하루 구체적인 계획을 세우고 실천에 옮긴 사람들을 보면, 처음에 정했던 목표를 꼭 달성하지는 않더라도 도중에 다른 꿈을 품게 되어 더욱 잘되는 경우도 많습니다. 그러니 미리 걱정할 필요는 없습니다. 꿈을 실현하기 위해 구체적으로 할 수 있는 일부터 시작하는 것이 핵심입니다. 아무리 먼 여정이라도 한 걸음부터 시작하는 것이 부자로 나아가는 길입니다.

가난한 사람은
불안한 마음을 채우려고
돈을 쓴다.

부자는
돈과 감정을
분리한다.

> **가난한 사람의 사고**

"오늘은 기분이 너무 울적하니까 나를 위해 좀 쓰자. 이런 재미라도 있어야지."

우리가 물건을 구입하는 이유는 크게 두 가지입니다. 필요한 물건이거나 원하는 물건이어서이지요. 필요한 물건은 생활하는 데 없어선 안 되는 반면, 원하는 물건은 없어도 생활이 곤란하지는 않지만 개인적인 취향을 반영한 것입니다.

부자는 필요한 물건에 만족합니다. 기본이 있으면 충분하다 여기지요. 그 이상은 필요하지 않습니다. 그러나 가난한 사람은 물건을 사고 싶어 합니다. 필요한 것으로 만족하지 않고 사고 싶은 물건까지 모두 사려고 합니다. 욕심은 마음이 원하는 것입니다. 마음이 원하는 것에는 끝이 없습니다.

'더 귀여운 옷이면 좋겠는데. 그런 스타일에는 새 신발도 필요하고.'

'이 정도 되는 차를 뽑았는데 집 평수가 너무 작은 거 아닐까? 집이 좁은 것 같아.'

'월세라 해도 좀 더 넓은 집에 살아야겠어.'

부자는 검소합니다. 필요한 것만 마련해 맞춤형 생활을 하고 있기 때문입니다. 이런 생활이 가능한 사람은 살면서 추가 비용이 많이 들지 않으므로 반드시 부자가 될 수 있습니다. 하지만 원하는 것을 사고 싶어 한다면, 설령 소득이 늘어난다 해도 자동차, 주거 등으로 특별비 지출이 증가하면서 돈은 모이지 않을 겁니다.

이런 구매욕에 어떤 심리가 깔려 있는지는 단순히 자신이 물건을 구입한 시기만 따져 봐도 알 수 있습니다. 스트레스를 풀고자 하는 마음이 반영된 것이지요. 내 마음 깊숙한 곳에 있는 좌절이나 불만, 외로움에서 오는 스트레스를 해소하기 위해 돈을 쓰고 싶은 겁니다.

그러나 안타깝게도 이런 방법을 통한 스트레스 해소는 일시적으로 효과가 있을 뿐입니다. 이렇게 보면 확실히 돈은 감정을 따라 움직인다는 것을 알 수 있습니다. 그리고 이렇게 돈을 쓰는 사람에게는 돈이 모이지 않겠지요. 아무리 부자가 되고 싶어도, 절약하려고 마음을 먹거나 자산 관리사에게 조언을 받아도, 뜻대로 되지 않는 근본적인 이유는 바로 마음속 공허함이 채워지지 않기 때문입니다.

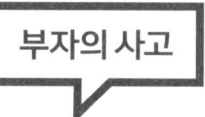

"돈은 마음의 문제야. 주변 사람들과 잘 지내면 지금 가진 것만으로도 만족할 수 있어."

부자들은 감정에 휘둘리지 않습니다. 돈과 감정은 별개라는 것을 확실히 해 둡니다. 그리고 자신의 분수를 지키려고 노력합니다. 필요한 것 이상으로 욕심을 부리지 않는다는 원칙을 지키려 하지요. 필요한 것으로도 만족할 수 있으니까요. 그래서 돈이 모이는 것입니다.

미국 백만장자들의 습관을 연구한 토머스 J. 스탠리Thomas J. Stanley는 그의 저서 《이웃집 백만장자The Millionaire Next Door》에서 '부자처럼 보이기 위해 가난하게 굴지 말라'고 이야기합니다. 부자는 분수를 알기 때문에 옷차림도 기본에 가깝고, 필요한 것에 맞춘 생활을 한다는 것입니다. 평범한 사람도 필요한 것에 만족할 줄 안다면 부자가 될 수 있겠지요.

돈을 관리하기에 앞서 자신의 마음을 들여다볼 필요가 있습니다. 마음을 관리할 수 없는 한, 돈 관리의 효과는 잠깐에 그칠 것입니다. 부유하다고 해서 꼭 인간관계가 원활하거나 가족이 화목하다고는 할 수 없습니다. 하지만 가족이 화목하고 인간관계가 두터운 사람이 경제적으로 여유 있는 삶을 살 가능성은 훨씬 큽니다. 많은 사람들이 원하는 행복한 부자는 바로 이런 게 아닐까요.

행복한 부자는 마음이 안정되어 있습니다. 따라서 그 이상의 만족을 얻으려고 하지 않습니다. 분수를 알기에 공허함을 채우기 위한 지출은 하지 않습니다. 그러니 자연스럽게 돈이 모이겠지요.

이렇게 보면 결국 돈 문제는 마음과도 연결되어 있습니다. 부자가 되고 싶다면 주변의 인간관계를 개선하는 일부터 시작해 보면 어떨까요? 가족과 자주 연락하거나 친구들에게 안부 인사를 전해 보면 기분도 좋아질 것입니다. 불편한 직장 동료가 있다면 관계 개선을 위해 한번 노력해 보는 것도 괜찮고요. 부자가 되는 첫걸음은 마음을 채우는 것입니다.

가난이 대물림되는 이유

●

'빈익빈 부익부'라는 흔한 말처럼, 부잣집 자녀들은 성인이 되어 부자가 될 확률이 높습니다. 물려받은 재산이 많아서 그렇다고 생각할 수도 있지만, 재산 때문만은 아닙니다.

아버지가 부동산 투자자인 A 씨는 어릴 때부터 아버지를 따라 땅을 보러 다니고 건물을 올리는 모습을 보며 자랐습니다. 다른 친구들과 마찬가지로 운동도 하고 땀 흘리며 뛰어놀기도 했지만, 주말이면 늘 아버지가 건축업자와 협상하는 것을 옆에서 지켜보며 일을 배웠습니다.

A 씨가 성인이 되었을 때 그가 보유한 재산의 규모가 과연 중요할까요? 돈이 없어도 그는 은행의 돈을 어떻게 활용해야 하는지 잘 알 것입니다. 건축을 할 때는 누구의 도움이 필요한지, 어떤 파트에 배치해야 하는지 훤히 꿰뚫고 있을 것입니다. 그는 이미 사업가의 안목을 갖췄다고 할 수 있지요. 어릴 적부터 돈과 투자 이야기에 노출되어 있었기 때문입니다.

"주식 투자? 여섯 살에 시작해도 늦다."-워렌 버핏

"투자에도 조기교육이 필요하다."-짐 로저스

억만장자인 워렌 버핏은 11세 때 용돈으로 코카콜라의 주식을 샀지요. 지금은 코카콜라의 대주주가 되었습니다. 세계적인 투자자 짐 로저스는 조지 소로스와 함께 퀀텀 펀드Quantum Fund를 설립하여 10년간 4,200%라는 놀라운 수익을 올렸습니다. 그는 어린 두 딸의 교육을 위해 돼지 저금통을 선물한 뒤 딸들이 침대를 정리할 때마다 돈을 주었다고 합니다. 저금통이 꽉 차면 은행에 가서 계좌를 만들고 이자가 쌓인 통장을 보여 주면서 돈에 대해 가르쳤다고 하지요.

한편, B 씨는 자신이 늘 돈에 쪼들리고 있다고 생각합니다. 어린 시절 그는 돈과 관련해 부모님과 어떤 이야기를 나눴을까요?
그가 뭔가를 사고 싶다고 하면 부모님은 "왜 이렇게 많이 쓰니", "요즘 물가가 너무 비싸다" 하시곤 했습니다. 그래도 공부는 해야 한다며 "학원비는 엄마가 어떻게든 해 볼 테니 너는 공부만 열심히 해"라고도 하셨지요.

어떤 부모도 자신의 아이가 가난해지기를 원하지는 않습니다. 그러나 부모 스스로 돈에 관한 공부가 되어 있지 않으니 아이들에게 전해 줄 수 있는 이야기도 많지 않지요. 절약을 이야기하기엔 자신도 구체적으로 아껴 본 적이 없고, 자산을 굴려서 돈을 불리는 맛에 대한 경험도 없으며, 어떻게 절세를 해야 하는지도 모르기 때문입니다.

혹시라도 아이들이 우리 집이 가난하냐고 물으면 불편한 마음으로 "돈 이야기를 자주 꺼내는 건 좋지 않다" 정도로 말하고 있지 않나요. 돈에 대한 서로의 생각을 꺼낼 수 있는 절호의 기회인데도 그냥 넘어가 버리는 것입니다.

앞의 A 씨는 어릴 적부터 돈에 대해 알 기회가 많았던 덕분에 돈을 주체적으로 사용할 수 있다는 자신감이 있을 것입니다. 그리고 사업을 하려면 어떤 사람들을 모아야 하는지, 모르는 것이 있으면 어떻게 해야 하는지 지혜를 얻으려고 노력할 것입니다.

반면, B 씨는 '돈이 무엇이기에 이리도 삶을 좌우할까' 하며 돈에 대해 부정적인 인상을 형성할 가능성이 큽니다. 또 부자를 비난하는 어른들을 보면서 '내가 부자가 되는 것이 과연 바른 길일까' 하는 생각도 할 것입니다.

어른이 되어 돈에 대한 감정이 불안해지는 쪽은 부잣집 아이보다 그렇지 않은 집에서 태어난 아이일 확률이 더 큽니다. 사실 이는 돈이 많거나 적어서가 아니라, 보고 듣고 배운 환경 때문입니다. 저는 아이가 있으니 더욱 부자가 되려고 합니다. 돈을 주고 싶어서가 아니라 지혜를 전하고 싶어서입니다. 부모의 마음은 다 비슷하지 않을까요.

당신이 자녀를 둔 부모라면, 앞의 두 사례 중 누구의 부모에 더 가까운가요? 어릴 때부터 시작하는 돈 교육이 부자를 만듭니다.

제2장
부자의 생활 습관

돈이 사람을 바꿔 놓진 않는다.
단지 그 사람의 가려진 본성을 드러낼 뿐이다.

– 헨리 포드 Henry Ford

POORMAN
VS
RICHMAN

가난한 사람은
너덜너덜하고 불룩한 지갑을
갖고 다닌다.

부자는
깔끔하게 정돈된 장지갑을
갖고 다닌다.

> **가난한 사람의 사고**

"어라? 내 지갑이 어디에 있지? 찾았다! 돼지우리가 따로 없군. 포인트 카드에 영수증도 잔뜩 있네. 윽, 웬 국물이 묻어 있지?"

부자들은 장지갑에 빳빳한 돈을 넣고 다닌다는 이야기를 들어본 적이 있나요? '요즘은 지갑이 필요 없잖아' 하고 무시할 수도 있습니다. 그러나 고액 자산가를 상대하는 프라이빗뱅커들에 따르면, 부자들은 지갑을 매우 깨끗하게 관리한다고 합니다. 지갑을 소중히 하지 않으면 돈이 모이지 않는다는 것일까요?

- 지갑이 동전과 영수증으로 가득 차 있다.
- 지갑에 얼마가 있는지 모른다.
- 지갑 속에 기한이 지난 포인트 카드가 있다.
- 지갑에 넣는 금액이 정해져 있지 않다.
- 지폐는 지갑에 대충 쑤셔 넣는다.

'이거 내 지갑인데' 싶다면 조금 긴장하는 편이 좋겠습니다. 이런 유형의 사람들은 자신의 지갑에 먼지가 붙어 있어도, 찌개 국물이 묻어 있어도 신경 쓰지 않습니다. 심지어 지갑을 어디에 뒀는지 잊어버릴 때가 많죠. 돈에 무관심하다는 증거입니다.

현금 한 푼 없어도 카드로 다 결제할 수 있는 시대인데, 불편하게 지갑을 왜 갖고 다니느냐고 반박할 수 있습니다. 하지만 지갑만큼 우리의 금전 감각과 돈에 대한 생각을 잘 반영하는 것도 없습니다.

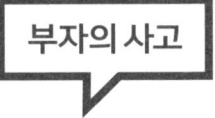

"지갑은 돈이 머무는 장소이니 소중히 다뤄야 해. 뒷주머니에 넣는다고? 돈을 엉덩이에 깔고 앉는다니, 맙소사."

한번은 부자들에게 지갑에 신경 쓰는 이유가 따로 있는지 질문한 적이 있습니다. 그중 "바지 뒷주머니에 넣으면 엉덩이로 지갑을 깔고 앉은 것 같아서"라는 대답이 인상적이었습니다.

그들에게 지갑은 돈이 머무는 장소입니다. 지갑은 돈만큼이나 소중하게 관리해 줘야 하는 대상인 셈이지요. 다시 말해 '지갑을 소중히 한다 → 돈을 소중히 한다 → 돈이 머문다 → 돈이 쌓인다'의 흐름을 이루는 것입니다. 그래서 그들은 영수증이나 지폐로 빵빵하게 부풀어 있거나 정리되어 있지 않은 지갑을 보면, 돈이 견디지 못하고 도망갈 것 같다고 말합니다.

돈이 모일 만한 지갑을 만들려면 어떻게 관리해야 할까요?

- 하루 한 번, 지갑 속 내용물을 확인한다

부자는 기본적으로 하루에 한 번 지갑을 정리하며, 이때 영수증을 확인합니다. 가계부에 따로 기재해도 좋지만 자신의 지출을 확인하는 정도로 충분합니다.

- 지갑에 현금을 넣는 시기와 금액을 정한다

일주일(또는 열흘)에 한 번씩 지갑에 현금을 넣는 날을 정하고 그 금액도 결정합니다. 현금이 떨어질 때마다 돈을 인출해 지갑에 넣는 것이 아니라, 매주 월요일에 10만 원 혹은 20만 원을 넣어 두는 방식이지요. 이렇게 하면 일주일치 예산이 정해져 지갑을 가계부처럼 사용할 수도 있습니다.

- 동전 지갑은 따로 마련한다

여성용 등 일부 지갑에는 지갑 속에 동전을 보관하는 공간이 별도로 있습니다. 그러나 실제로 물건을 구입할 때는 동전을 꺼내기 번거로워 지폐로 값을 치른 뒤 거스름돈으로 받은 동전을 여기에 넣곤 하지요. 이를 몇 차례만 반복해도 지갑은 금세 불룩해집니다. 대신에 동전 지갑을 따로 사용하면, 계산할 때 시간도 단축되고 지갑도 가벼워집니다.

그리고 부자들은 주로 장지갑을 갖고 다니더군요. 그들은 돈에 주름이 가는 건 좀 아닌 것 같다고 이야기합니다. 심지어 지갑을 '돈이 머무는 호텔'처럼 다뤄야 한다고 말하지요. 물론 지갑 없이도 문제 없이 소비하고 돈도 많이 벌고 저축도 능숙하게 하는 사람들이 많습니다. 하지만 돈을 소중히 여기는 마음가짐 하나는 똑같습니다.

'내 지갑엔 동전 넣는 곳이 없는데', '머니 클립을 쓰는데' 하면서 지갑 사용이 뭐 그리 중요하냐는 분들께, 지금 지갑에 얼마가 있는지 아시나요? 그렇다면 괜찮습니다. 그것이 돈의 남용을 막는 핵심이거든요.

가난한 사람은
수시로 ATM에서
돈을 인출한다.

부자는
일정한 주기에 일정한 금액을
ATM에서 인출한다.

> **가난한 사람의 사고**

"어제 ATM에서 10만 원을 인출했는데 전부 어디로 갔지? 돈에 발이 달렸나……. 다시 인출해야겠다. 은행이 어디 있더라?"

많은 사람들이 월급을 받은 지 얼마 되지도 않았는데 돈이 어디로 갔는지 모르겠다고 이야기합니다. 그러고는 금세 인출기에서 10만원씩 꺼내 쓰고 있는 자신을 발견하죠. 정말로 돈에 발이 달렸나 싶습니다. 가끔은 스스로가 한심하다는 생각도 들어서 절약하겠다고 단단히 마음먹고 돈을 인출하지 않거나, 액수를 줄여서 3만 원씩 인출하기도 합니다.

하지만 웬걸요. 그럴 때는 하필 결혼식 등 각종 경조사가 겹치면서 돈이 더 자주 필요합니다. 수시로 인출하다 보면 수수료도 더 많이 나가지요.

불과 몇 년 전의 제 모습입니다. 아슬아슬하지요. 돈을 인출하는 이유를 알지 못하면 이 습관은 쉽게 고쳐지지 않습니다. 우선 ATM에서 자주 출금하는 사람이라면 다음과 같은 특징이 있을 가능성이 높습니다.

- 수중에 돈이 있으면 무심코 써 버린다.
- 종종 지갑을 잃어버린다.
- 지금껏 제대로 돈을 모아 본 적이 없다.

이런 유형은 자신이 돈을 낭비한다고 생각하지 않습니다. 인출 금액도 소소합니다. 그 이유는 이렇습니다. "손에 돈이 많으면 무심코 사용해 버릴까 봐 겁이 난다." 하지만 이것이 문제입니다. 스스로를 통제하지 못한다는 의미이지요.

지갑이 두둑해지면 아무래도 마음 역시 넓어집니다. 관심 없던 물건도 좋아 보이고 선물하고 싶은 마음도 생깁니다. 수중에 돈이 있으니 누려도 된다는 느긋한 마음이 낭비를 부르는 것이지요.

문제는 이렇게 돈을 쓰고 나면 어디에 썼는지 잘 기억하지 못합니다. 한마디로 돈에 발을 달아 주는 셈입니다.

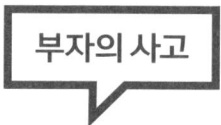

"ATM? 한 달에 한두 번이면 충분해. 인출 횟수가 늘어나면 내

주변에 무슨 일이 생겼거나, 가계 관리를 점검할 때인 거야."

ATM에서 돈을 인출하는 주기와 금액이 일정한 것도 부자들이 돈을 관리하는 습관 중 하나입니다. 그달 수입이 들어오고 그다음 달에 또 수입이 들어올 때까지 자신이 어떤 속도로 계좌에서 돈을 인출하는지를 아는 것이지요.

어려워 보이나요? 그렇지 않습니다. 한 달 생활비를 예산 내에서 지출하므로 일주일이나 한 달 등 기간 내에 쓰는 금액을 대략적으로 계산할 수 있습니다. 예를 들어 한 달 생활비가 100만 원인데 ATM에서 월 2회 인출한다면, 한 번에 50만 원씩 인출하면 되는 겁니다.

돈 관리 잘한다는 제 후배의 경우 월 3회로 매달 10일, 20일, 30일에 33만 원씩 인출합니다. 정해진 기준은 없습니다. 횟수와 금액은 자신의 라이프스타일에 맞추면 됩니다.

제 경험상 초보자에게 적합한 인출 주기는 일주일입니다. 월요일에 돈을 인출한 뒤 일주일간 생활하는 것인데요. 인출 주기가 길면 소비 감각이 둔해질 수 있습니다. 저는 처음에 주기를 한 달로 잡았다가 초반에 낭비한 나머지 인출 20일 이후로는 극빈자 생활을 한 경험이 있기에 추천하지 않습니다. 월 1회가 가능하다면 금전 관리 능력이 좋은 경우라고 볼 수 있겠지요.

  돈의 인출 속도를 자연스럽게 인식할 수 있다면 필요할 때 인출 금액을 늘리고 그렇지 않으면 남은 돈을 예비비로 남겨 둘 수도 있습니다. 아무리 계획적인 생활을 한다 해도, 살다 보면 예기치 않게 돈이 필요할 때가 있고 반대로 필요하지 않을 때도 있지요. 예를 들어 저녁 모임이 있다면 돈이 더 필요할 것입니다. 반면 약속이 취소되면 돈이 남겠지요.

  만남이나 지출 계획이 없을 때는 예정대로 인출하고, 특별한 계획이 있을 때는 평소 인출 금액에 더해 필요한 경비를 추가로 인출하면 그 주간에 필요한 생활비를 확인할 수 있을 겁니다.

  물론 인출 주기는 개인적으로 판단한, 돈이 드나드는 속도에 불과합니다. 단지 관리하기 쉬운 것이 주 1회라는 의미일 뿐, 자신에게 맞는 기준을 정하면 문제없습니다.

가난한 사람은
건강관리에
별도의 비용을 지출한다.

부자는
일상생활에서
건강한 습관을 유지한다.

> 가난한 사람의 사고

"다음 주가 건강검진인가? 체중계에 올라가 봐야겠어. …… 2kg이나 쪘잖아. 헬스클럽 회원권이 어디 있지? 갱신해야 하는데. 갈까, 말까……. 너무 귀찮네."

"건강하면 돈과 시간을 버는 것이다"라는 이야기를 들어 본 적이 있을 것입니다. 젊을 때는 잘 몰라도 40대 후반이 되면 건강을 관리해 온 습관에 따라 몸의 컨디션이 좌우되지요.

건강을 위해서는 적당히 운동을 하는 것이 바람직하다고 알려져 있습니다. 하지만 운동을 싫어하는 사람들은 목적지가 조금이라도 멀면 금세 택시를 탑니다. 운동이 건강에 좋다는 건 알지만 게으른 체질 때문에 어떻게든 몸을 움직이지 않으려고 갖은 꾀를 짜내는 것이지요.

이런 사람들은 대부분 운동할 시간과 여유가 없다고 얘기합니다. 또한 건강에 큰돈을 들이는 부자를 생각하며 자신은 돈이 없어서 건강에 신경 쓰기 어렵다고 여깁니다. 당장 스포츠클럽이나 피트니스센터에 등록할 때에도 비용을 따져야 하니까요. 그리고

'지금은 건강하니까 나이 들면 관리하자' 하는 안이한 생각으로 시간을 보냅니다.

　물론 돈이 많으면 질 좋은 유기농 식재료와 건강식품, 피트니스 센터를 선택할 수 있습니다. 그러나 시간과 돈이 많아야 운동도 하고 건강관리도 할 수 있다는 것은 논리적으로 맞지 않습니다.

부자의 사고

"운동은 생활에 활력을 주는 습관이야. 건강식품이나 다이어트? 그보다는 좋은 컨디션을 유지하기 위한 식생활과 노력이 더 중요해."

　부자는 건강이 재산이라는 것을 본능적으로 깨닫고, 식습관과 운동 습관 등으로 건강한 생활을 무의식적으로 유지하고자 노력합니다. 그 때문인지 주위를 보면 성공한 사람들이 비만인 경우는 많지 않습니다.

　식생활을 봐도, 날씬한 몸을 바라면서 외식이나 인스턴트식품을 돈 주고 먹는다는 것이 이들에게는 왠지 말이 안 되는 일처럼 여겨집니다. 게다가 '살찐 몸을 다시 줄이기 위해 돈을 내고 피트니스센터를 등록한다'는 것은 더더욱 어불성설입니다.

"나는 돈도 없고 시간도 없다"라고 말하는 사람은 의지에 문제가 있는 것입니다. 돈 들이지 않고도 건강을 유지할 수 있는 방법은 얼마든지 많습니다. 일상생활에서 파워워킹을 하거나 아침에 조깅하는 사람, 러닝 머신으로 운동하는 사람도 적지 않으니까요. 달리기와 조깅, 자전거 등을 타는 데는 돈이 전혀 들지 않습니다. 자전거 마니아라면 이야기가 달라지겠지만요.

매일 30분씩 실천하는 운동은 상당한 효과를 가져옵니다. 유산소운동은 면역 체계를 강화하고 질병을 줄여주는 데다 기억력을 향상시킵니다. 뇌로 가는 혈류를 증가시키기도 하고요. 혈류량 증가는 뇌가 더 활성화되는 환경을 제공하는데, 이는 건강한 뇌를 유지하는 습관이 됩니다.

부자는 매일 조금씩 운동하면서 그 자체로 좋은 환경을 형성해 갑니다. 이런 효과를 알기 때문에 늘 즐겁게 운동하고 여기서 에너지를 얻는 습관을 만드는 것 아닐까요?

미국의 경제 전문 매체 〈비즈니스 인사이더Business Insider〉에 따르면, 100만 달러 이상을 보유한 부자들 중 75% 이상은 하루에 적어도 30분 이상 운동하거나 조깅을 하는 것으로 나타났습니다. 반면, 가난한 사람은 23%만이 이런 습관을 유지하고 있었습니다.

이런 차이가 부의 격차에도 영향을 줄까요? 업무에서 성과를 올리고 문제를 해결하는 데 운동이 도움이 된다는 것은 많은 연구에서도 밝혀졌습니다. 미국 학술지 〈생리학 저널Journal of Physiology〉에 따르면, 핀란드 한 대학의 연구자들은 논문에 이렇게 밝혔습니다.

"달리기나 조깅은 다른 유형의 운동보다 뇌를 더 활성화시킨다. 특히 달리기나 조깅은 다른 운동보다 두 배 또는 세 배의 속도로 새로운 뇌세포를 만든다."

부자가 즐겨 하는 조깅이 뇌를 더 건강하게, 더 똑똑하게 만든다는 점이 분명해졌네요. 그런데 재미있는 점은 부자들은 부자의 반열에 올라서기 전부터 달리기 또는 조깅 습관을 유지했다는 사실입니다. 그들은 젊은 시절부터 이런 운동을 즐겨 왔다고 말합니다. 이미 자신의 두뇌를 부자가 되는 데 적합하도록 훈련시킨 셈입니다.

이러한 생활 습관 덕분에 그들의 뇌가 운동하지 않은 사람들보다 우월했던 건 아닐까요? 당신이 노력을 통해 우월한 두뇌를 갖게 된다면, 돈을 벌기 시작할 때도 상당히 유리한 위치에 설 수 있을 것입니다.

가난한 사람의 집은
정리가 되어 있지
않다.

부자의 집은
잘 정리되어
있다.

가난한 사람의 사고

"오랜만에 일찍 퇴근했는데 집이 왜 이리 엉망이지? 저녁은 그냥 나가서 먹어야겠다."

물건을 정해진 장소에 놓아두지 않는 사람들의 집을 보면, 물건이 있어야 할 곳에는 없고 없어야 할 곳에 있는 경우가 많습니다. 그래서 노트북은 1대인데 마우스가 3개가 있는 등 비슷한 물건이 불필요하게 쌓여 있지요. 물건 찾는 걸 포기하고 돈을 써 버렸다는 이야기입니다.

집이 이렇게 어지러운데 과연 돈에 대해서 침착하게 생각할 수 있을까요. 집의 혼란은 마음의 혼란입니다. 집 안이 어질러져 있으면 심리적으로 안정이 되지 않을뿐더러, 가계경제를 검토하고 쓸데없는 지출이 어디서 발생하는 등을 생각할 겨를이 없습니다.

특히 지저분한 방에 오래 있으면 기분도 좋지 않으니 무작정 밖으로 나가고 싶어지기도 하지요. 어르신들이 "나가면 다 돈이다"라고 하듯, 밖에 나가면 소비에 대한 유혹이 산더미입니다. 결국 돈이 좀처럼 지갑 속에 있기 힘든 상황이 되고 맙니다.

정리가 되지 않은 집은 가난한 사람의 집, 돈이 모이기 어려운 사람의 집입니다.

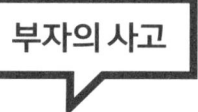

"물건이 가구 위에 많이 올려져 있으면 돈의 기운이 들어오지 못해. 집은 정리돼 있고 공간이 비어 있는 게 좋아."

부자의 집은 어떤 모습일까요? 일단 현관에 들어서면 느껴지는 분위기라는 게 있습니다. 풍수학적으로도 현관은 매우 중요한 역할을 한다고 하지요. 현관을 통해 외부의 기가 유입되므로 현관이 깨끗하면 좋은 소식이 찾아온다고 합니다.

부자들의 집은 물건이 적고 깨끗하게 정돈되어 있습니다. 꼭 풍수를 따지지 않아도, 밝고 깨끗한 현관이 방문하는 사람을 기분 좋게 해 주는 것은 분명해 보입니다.

다음으로, 화장실이야말로 그 집의 특징을 잘 보여 주는 장소입니다. 돈이 모이는 집을 살펴보면 화장실을 항상 깨끗하게 유지합니다. 화장실 청소가 귀찮고 지저분하다 보니 다른 누군가에게 미루고 싶은 일입니다. 하지만 그처럼 누구나 하기 싫어하는 일을 적극적으로 할 수 있다면 높은 평가를 받기 마련입니다. 주변으로부터 인정받는 사람에게는 돈도 자연스럽게 모이겠지요. 그래서 화장실이 깨끗해야 합니다.

또 하나, 부자들의 화장실에서 찾을 수 있는 공통점은 바로 변기 뚜껑입니다. 대부분 뚜껑을 닫아 두더군요. 제가 이유를 물어봐도 그들은 당황할 뿐 시원한 답은 내놓지 않았습니다. 습관인 것이지요.

그러나 좋은 습관인 것은 분명합니다. 풍수로 봐도 욕실은 여러 가지 의미가 있다고 합니다. 실내 풍수에서는 밝고 깨끗한 출입문으로 생기를 모으고, 유입된 좋은 기가 오래도록 머물게 하는 것을 핵심으로 여깁니다. 즉, 벌어들인 만큼 나가지 않도록 해야 한다는 것이지요.

이런 관점에서 욕실은 재물의 기운이 빠져나가기 쉬운 장소입니다. 그래서 자녀들에게 용변을 본 후에는 변기 뚜껑을 닫고 욕실을 나와서는 반드시 문을 닫는 습관을 가르치기도 합니다. 욕실 문이 반쯤 열린 상태로 방치하면 돈복이 줄어든다고 생각하기 때문입니다.

의학적으로 봐도 이 습관은 바람직합니다. 변기 뚜껑을 닫지 않고 물을 내리면 각종 세균이 튀어나오기 때문에 각종 질병에 걸릴 확률이 높아진다고 합니다. 영국 리즈대학 의대 부속병원의 마크 윌콕스 교수는 "좌변기 뚜껑을 닫지 않고 물을 내릴 경우 세균이 포함된 물방울이 튀어 대장균 위장관염이나 폐렴을 일으킬 수 있다"라면서 변기에 뚜껑이 달린 이유가 있다고 말합니다. 어떤 관점에서든, 변기 뚜껑은 열어 두기보다 닫는 편이 좋겠습니다.

한편, 시간 관리와 돈 관리를 잘하는 사람들 중 집에 텔레비전을 없앴다는 이들이 적지 않습니다. 보통 사람들의 집에는 언제든 텔레비전이 켜져 있는데 말이지요.

TV 시청이나 게임은 즐거움을 주는 취미이지만, 다른 한편으로 생산적인 시간을 빼앗는 방해물이기도 합니다. 실제 TV를 오래 시청하는 사람일수록 소득이 낮다는 조사 결과가 여러 차례 보고된 바 있습니다. 물론 어린 시절부터 TV를 켜 둔 채로 다른 일을 하는 게 습관이 된 사람들도 많지만, 경우에 따라서는 TV를 끄는 용기가 필요합니다.

돈을 잘 모으는 사람들의 라이프 스타일은 한마디로 미니멀리즘입니다. 원하는 물건이 아닌 필요한 물건으로 주변 공간을 채우는 것입니다. 예를 들면 냉장고도 그렇지요. 부자들의 냉장고를 열어 보면 의외로 텅텅 비어 있습니다. 물건이 적은 데다 매우 깨끗하게 정리되어 있으며, 어디에 어떤 재료가 있는지를 인지하고 있습니다. 그래야 재고를 파악할 수 있고, 불필요한 재료를 사지 않기 때문이죠.

이는 식재료뿐만 아니라 일상적인 물건도 통제가 가능하다는 것을 의미합니다. 돈을 잘 관리하고 집의 재고 관리에도 체계가 잡혀 있다면, 당연히 돈이 모이는 집이 될 것입니다.

가난한 사람은
외식을
즐긴다.

부자는
외식을
선호하지 않는다.

가난한 사람의 사고

"집에서 요리를 하면 주방이 더러워져서 싫어. 음식물 쓰레기를 버리는 것도 귀찮고. 밖에서 먹고 들어가야겠다."

여러 가지 이유로 많은 사람들이 외식을 자주 합니다. 게다가 세상은 외식에 대한 유혹으로 가득합니다. 일식·양식·중식·한식 등 전 세계의 요리를 간편하게 즐길 수 있지요. 최근에는 고급 프랑스 요리와 이탈리아 요리를 저렴한 가격에 제공하는 것은 물론, 배달까지 대행해 주는 업체도 생겼으니 얼마나 살기 편한 세상인가요. 백화점 지하와 마트의 각종 반찬, 배달 음식, 편의점 도시락까지, 외식의 종류만 수십 가지입니다.

외식의 장점은 조리된 음식을 바로 먹을 수 있고, 먹은 후 정리하는 데 수고를 들이지 않아도 된다는 것입니다. 부부가 맞벌이라서, 또는 아이들이 워낙 패스트푸드를 좋아해서 어쩔 수가 없다고 말하는 이들이 많지요. 물론 충분히 이해합니다.

외식 자체가 나쁘다는 의미가 아닙니다. 다만, 돈을 모으기로 결심했다면 어디선가 변화가 있어야 하고, 이왕이면 작은 성공을 꾸준히 이어 가는 편이 좋습니다. 그리고 그 효과를 가장 빨리 확인할 수 있는 항목이 바로 식비입니다.

통상적으로 전체 예산에서 식비 지출은 10~15%를 유지하는 것이 바람직하다고 합니다. 외식이 잦으면 돈을 모으기가 정말 어렵습니다. 예를 들어, 세끼 식사에 음료와 간식비까지 해서 하루에 3만 원을 쓴다고 해 봅시다. 고급 레스토랑에서 외식하는 경우까지 합하면 한 달 식비만 100만 원을 넘길 수 있습니다. 먹는 데에만 100만 원을 쓰니 돈이 모일 리 없겠지요. 엥겔계수가 높을수록 저축할 돈은 줄어드는 셈입니다.

외식이 습관이 되면 건강에도 좋지 않은 영향을 줍니다. 자녀가 있는 가정이라면 아이들의 입맛이 바뀌어 집에서 먹는 밥이나 반찬에는 눈길도 주지 않을 테니까요. 집 밥을 맛없어 하고 외식을 찾게 되면 저절로 씀씀이가 헤퍼집니다.

"외식은 가난의 시작이야. 만 원이면 닭볶음탕을 해서 네 식구

가 충분히 먹을 수 있어. 밖에서 먹는 음식은 짜고 입에도 잘 맞지 않아."

돈 관리를 잘 하는 부자는 외식을 자주 할까요? 일하는 중이거나 약속이 있는 경우 어쩔 수 없지만 평소에는 '집 밥파'라고 할 만큼 외식을 선호하지 않습니다. 굳이 밖에 나가서 밥을 먹을 이유가 없다고 생각하지요. 제가 취재한 이들 중에는 건강관리를 이유로 외식을 하지 않는 분도 있었습니다. 중년이 되면 당뇨나 고혈압 등 지병을 관리해야 하므로 밖에서 먹기를 삼가는 것이지요.

물론 매끼를 집 밥으로 해결하는 건 무리입니다. 아침 식사는 집에서 먹고, 일주일 치 점심·저녁 식사인 14인분 중 절반만 집에서 먹어도 절약이 가능합니다. 1회 외식비가 1만 원이라면 일주일에 7만 원, 4주면 28만 원을 절약할 수 있습니다. 다 실천하기 어려워 그중 절반만 행동에 옮겨도 14만 원은 저축할 여력을 확보하니 괜찮은 계산입니다.

집 밥이라고 해서 대단한 요리를 해야 하는 것도 아닙니다. 요리가 어렵고 귀찮다면 드레싱을 활용해 보세요. 예를 들어 고기채소볶음을 한다면, 양파와 굴 소스를 넣어 맛을 내는 것만으로도 훌륭한 요리가 됩니다. 새로운 드레싱을 첨가하는 것으로 요리 하나가 완성되는 셈이지요. 고기 역시 양념장에 미리 재웠다가 냉동실에 넣어 두면 필요할 때 간편하게 꺼내 먹을 수 있습니다. 편리한 데다 돈도 모으니 일거양득입니다.

돈을 모으기로 결심했다면, 외식은 가난의 시작이라고 마음먹어야 합니다. 집 밥이야말로 가계 지출을 절약하는 첫걸음이라 생각하고 즐겁게 시작해 보세요.

가난한 사람은
신용카드를 사용할 때
할부 결제를 주로 이용한다.

부자는
신용카드를 사용할 때
일시불 결제를 선호한다.

가난한 사람의 사고

"신용카드를 쓰면서 왜 일시불로 결제하지? 얼마 전에 컴퓨터도 12개월 무이자 할부로 샀는데."

이렇게 할부로 결제하는 이유는 모두 비슷하지요. 매달 내야 하는 금액에 대한 부담이 덜해지기 때문입니다. 그러나 신용카드는 지출에 대한 감각을 줄이는, 소위 '지름신'에 불을 붙이는 도구입니다. 이참에 일시불과 할부, 리볼빙 등 지불 방식에 대한 정보를 알아 두면 좋겠습니다.

일시불이든 할부 결제든, 신용카드를 사용할 때 가장 큰 이점은 현금을 가져갈 필요가 없다는 것입니다. 당연한 이야기이지만 고가의 물품을 살 경우 현금을 쥐고 간다면 잃어버릴까 봐 염려가 되겠지요. 카드 한 장이면 훨씬 간편하고 안전하게 결제할 수 있습니다. 결제 금액만큼 포인트가 쌓이니 절약에도 도움이 되는 측면이 있을 것입니다.

하지만 신용카드를 이용하면 추후 결제일에 자신의 계좌에 잔고가 있어야 합니다. 자칫하면 연체될 수 있어 주의해야 합니다.

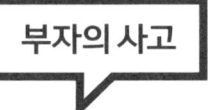

"신용카드라도 무조건 일시불로 결제해야지. 수수료가 없으니 추가 비용이 발생하지도 않고, 캐시백 포인트로 활용할 수 있어."

일시불의 장점 1: 이용 금액이 한눈에

일시불로 결제하면 내가 이용한 금액을 한눈에 알 수 있습니다. 100만 원짜리 상품을 일시불로 구입하면, 다음 달 지정일에 계좌에서 100만 원이 이체되므로 통장만 봐도 바로 이용 금액을 파악할 수 있습니다.

일상적으로 신용카드를 사용할 경우 식비를 얼마나 지출했는지 쉽게 알 수 있으며, 관리비나 공공요금도 신용카드로 결제하면 생활비 전반의 지출액을 파악하는 것이 가능합니다. 지출액을 월 단위로 확인할 수 있으니 가계부처럼 활용하는 셈이지요. 그러면 돈의 남용을 줄일 수 있습니다. 또 카드의 이용 한도액을 일정 수준으로 제한했다면, 그 이상의 사용도 불가능하지요. 마치 지출을 통제할 수 있는 도구를 얻은 것과 마찬가지입니다.

일시불의 장점 2: 수수료 무료, 포인트는 '덤'

일시불은 리볼빙이나 할부 결제와 달리 이용 수수료가 없습니다. 대부분의 카드 회사는 연 15% 안팎의 수수료를 설정하고 있어, 할부로 10만 원씩 10회 결제하면 약 6만 8,000원의 수수료가 나올 수 있습니다. 하지만 일시불로 결제하면 수수료 걱정을 할 필요가 없습니다. 오히려 약 6만 원의 포인트를 쌓을 수도 있지요. 물론 무이자 할부도 많지만 이에 익숙해지면 수수료 자체에 무감각해질 수도 있습니다. 이는 부자들이 일시불을 선호하는 가장 큰 이유이기도 합니다.

최근 리볼빙 서비스가 등장하면서 많은 사람들이 헷갈려하는 부분이 있습니다. 신용카드를 발급받을 때 결제 방식을 '일시불'로 하겠다고 카드를 신청했는데, 알고 보니 일시불이긴 하지만 '리볼빙 100%'로 되어 있는 경우인데요.

리볼빙이란 결제 금액 중 일정 비율만 갚아도 연체자로 분류하지 않고 계속해서 카드를 사용할 수 있도록 카드사에서 제공하는 서비스입니다. 잔액이 부족할 때 나머지 결제 금액을 다음 달로 이월해 주는 방식은 알면 도움이 될 수도 있습니다. 하지만 리볼빙은 엄연히 카드 대출의 또 다른 이름입니다. 리볼빙에 대한 개념을 모르고 신용카드를 사용하면 나중에 엄청나게 불어난 결제액을 확인하게 될 수도 있습니다.

따라서 신용카드를 신청할 때는 지불 방법란의 '리볼빙'과 '일시불' 중 일시불을 선택해야 합니다. 고가의 물건을 일시불로 구입하려면 부담이 되니 할부나 리볼빙의 유혹에 이끌릴 때가 있는데요. 소액의 수수료도 횟수를 거듭하면 큰 금액이 됩니다.

돈을 모으기로 결심했다면 신용카드 결제는 일시불로 하는 편이 좋겠지요. 추가 비용을 지불하는 것을 원치 않거나 수수료가 아깝다면, 오늘부터 '일시불'을 실천해 보는 건 어떨까요.

가난한 사람은
여러 장의 신용카드로
포인트를 챙긴다.

부자는
신용카드 2장이면
충분하다.

가난한 사람의 사고

"여행 가려면 마일리지 서비스도 필요한데……. 신용카드부터 신청하고 나중에 다시 생각해 보겠다고 할까?"

캐시백에 포인트 결제는 물론이고, 플라스틱 카드가 없어도 결제가 가능한 신용카드가 많아졌습니다. 체크카드 역시 서비스나 혜택이 다양해졌는데요. 그래서 한 가지 카드만 선택하기에는 매력적인 카드가 너무나 많습니다.

'한 개쯤은 괜찮겠지' 하는 생각으로 만들었다가 금세 여러 개로 늘어나 버리는 신용카드. 여기에 물건을 사러 매장에 가면 직원이 포인트 적립을 해 주고 선물까지 준다는 말에 혹해서 종이 카드까지 받고 나면 어느새 지갑 속에는 10개가 넘는 카드가 쌓이기도 합니다.

포인트 적립 카드라면 괜찮습니다. 하지만 신용카드는 얘기가 달라집니다. 여기저기서 물건을 구매할 때마다 무이자 할부를 지원하는 카드를 선택하다 보면, 무슨 상품을 언제 어디서 구매했는지 기억이 나질 않습니다. 최악의 경우에는 상환해야 할 카드 사용 금액이 예상보다 훨씬 많아 지불 연체 사태에 이를 수도 있습니다.

신용카드 개수가 많으면 혜택 면에서도 불리합니다. 신용카드의 가장 큰 장점인 포인트가 분산되어 적립되기 때문에 실제로 사용하려 하면 큰 도움이 되지 않습니다.

포인트 때문에 예기치 않게 더 많은 금액을 결제할 때도 있죠. '적립금 3배', '사은품 증정' 등의 문구를 보면 조금만 더 채워서 구매하면 오히려 이득이겠구나 싶지만, 실은 계획에 없던 물건을 사게 되는 경우가 대부분입니다.

그래서 부자들은 신용카드를 쓰지 않을까요? 그렇지는 않습니다. 신용카드는 잘만 활용하면 예금이자율 이상의 혜택을 누릴 수 있는 유용한 금융 상품 중 하나입니다. 다만, 그러한 혜택을 확실히 누리려면 선택과 집중이 필요합니다. 또한 불필요한 지출과 낭비를 줄이기 위해 잔액과 지출 등 계좌 관리를 꼼꼼하게 해야 하는 것이 원칙입니다.

돈 관리를 잘하는 사람은 통장이든 물건이든 '낭비'의 개념이 없습니다. 모두 제대로 사용하는 것이 원칙입니다. 카드 역시 만들었으면 제대로 활용하는 것이 그들의 습관입니다.

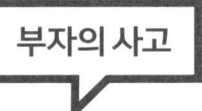

"카드가 많으면 지출 관리가 안 돼. 카드를 늘리는 건 어리석은 짓이야. 지갑 속 카드는 한두 장이면 돼."

신용카드는 1~2개로 충분합니다. 카드를 선택할 때는 카드별 혜택에 앞서 나의 소비 패턴을 살펴봐야 합니다. 백화점에서 쇼핑을 자주 한다면 백화점에서 발행하는 카드, 인터넷 쇼핑몰을 종종 이용한다면 계열사 카드, 여행을 목적으로 사용한다면 항공사 마일리지 적립 카드를 택하면 됩니다.

대부분의 사람들이 쇼핑을 할 때 카드를 가장 많이 이용하므로, 자신이 주로 어디에서 쇼핑하는지 파악해 그와 관련된 혜택이 많은 카드를 고르는 것도 중요합니다.

돈 관리를 잘하는 사람은 지갑에 카드를 4~5개씩 갖고 다니지 않습니다. 여러 곳에 분산되어 있는 포인트를 통합해 사용할 수 있다고는 하지만, 일일이 조회해서 통합하는 절차가 더 낭비입니다.

연회비가 무료인 카드를 추천하는 이들도 있지만, 메인 카드는 연회비를 지불하더라도 자신의 소비 금액에 맞춰 혜택을 많이 받을 수 있는 것으로 선택하는 편이 유리합니다. 포인트가 차곡차곡 쌓이면 연회비 정도는 상쇄할 수 있으니까요.

따라서 자신의 라이프스타일에 따라 카드를 고르되 포인트 적립 비율이 높은 카드를 선택하기를 추천합니다. 예를 들어, 인터넷 쇼핑몰을 자주 이용한다면 '롯데 아멕스 카드' 또는 '신한 플래티넘 비자 카드'를, 편의점을 자주 이용한다면 부분 혜택이 많은 카드를 택하는 식입니다.

서브 카드는 연회비가 무료인 것, 또는 카드 사용액이 일정 금액을 충족하면 이듬해 연회비를 면제해 주는 종류를 선택하기를 추천합니다.

메인 카드의 경우 생활비나 공과금 용도로 지출할 때가 많아서 포인트로 연회비분을 커버한 후 추가로 포인트가 어느 정도 모이는지 계산해야 합니다. 단, 연회비를 커버하기 위해 무리하게 쇼핑하는 것은 금물입니다. 공공요금이나 통신비 등 매월 고정적으로 나가는 비용만 지불해도 포인트는 충분히 쌓이므로 효율적으로 사용하는 것이 중요합니다.

가난한 사람은
돈이 많이 드는
취미 활동을 한다.

부자는
돈이 없어도 즐길 수 있는
취미 활동을 한다.

> 가난한 사람의 사고

"이번 주 사내 모임에서 등산을 간다고 했지? 옷을 좀 사야겠는데……. 방수 재킷이 50만 원이나? 그래도 건강에 좋은 취미잖아. 이거 사서 평생 입고, 다른 데서 아끼자."

결혼 전까지는 등산이 좋은 줄 몰랐는데 요즘은 산이 왜 좋은지 알겠더군요. 그래서 주말이면 가끔 아이들을 데리고 가까운 산에 오릅니다. 동산을 정복하고 나니 좀 더 높은 산에 오르고 싶어져 작은 동호회 같은 게 있나 해서 찾아봤습니다.

그런데 소꿉놀이가 진지한 취미로 발전하면서 돈이 들기 시작합니다. 동네 동산까지는 일상적인 트레이닝복으로 버틸 수 있겠는데, 동호회 사람들이나 회사 동료들과 산에 가려면 최소한의 등산복 정도는 갖춰야 하지 않을까 하는 생각이 든 것이지요.

인터넷 여기저기에서 등산복을 검색해 보고 브랜드도 찾아봅니다. 어떤 브랜드의 방수 재킷은 100만 원이 넘는데 재질이 굉장히 좋다고 하니 한번 사 볼까 싶습니다. 그야말로 배보다 배꼽이 더 커지는 순간입니다. 코앞 관악산에 오르는데 복장은 히말라야

산맥 등반하는 수준이지요. 사실 등반은 산에 올라 맑은 공기를 마시고 자연과 호흡하면서 마음을 정화하는 소박한 활동입니다. 하지만 그 좋은 취미에 돈이 붙기 시작하니 부담스러운 활동으로 다가옵니다.

그럼에도 불구하고 취미는 꼭 필요합니다. 바쁜 일상에 에너지를 채워 주는 비타민과 같으니까요. 바쁘고 피곤한 사람일수록 취미 하나쯤은 있어야 삶이 더 풍요로워집니다.

그러나 취미를 진지하게 여기면 아무래도 돈이 들긴 합니다. 돈이 들지 않는 취미에도 돈을 쓰게 되지요. 좋아하는 취미를 계속하는 것은 분명 바람직하지만 한 번쯤은 내 취미가 '돈을 먹는' 취미는 아닌지 따져 볼 필요가 있습니다. 취미의 본질은 즐거움에 있으니까요.

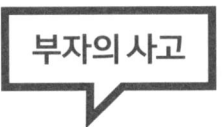

"취미는 비용이 아니라 기분에 달려 있는 거야. 어떤 것을 하느냐는 중요하지 않아. 어떤 마음으로 하느냐가 가장 중요해."

부자들은 취미를 돈으로 해결하려 하지 않습니다. 취미는 비용이 아니라 기분에 달린 것임을 알고 있으니까요. 매일 저녁 부인과 함께 한 시간씩 산책로를 걷는 중소 운용사 대표 H 씨는 이렇게 말합니다.

"굳이 돈 들여서 운동할 거 있나요. 주변 경치를 둘러보면서 한 시간 정도 산책하고 오면 몸도 마음도 상쾌하고 즐거워요."

여행이나 영화, 피규어 수집 등 돈이 드는 취미도 있지만 그렇지 않은 취미에도 부자들은 재미를 느낍니다. 미국의 배우 메릴 스트립은 뜨개질을, 미국 전 대통령 조지 부시는 유화 그리기를 즐긴다고 합니다. 방송인 오프라 윈프리는 하루에 두 번 명상하는 것을 최고의 취미로 생각한다고 하지요.

산책하는 취미는 돈이 들지 않는 데다 건강에도 도움이 됩니다. 가까운 나들이도 좋습니다. 굳이 돈을 들여 멀리 갈 필요가 없습니다. 부모는 아이에게 좋은 곳, 좋은 음식을 제공해야 스스로가 괜찮은 부모인 것 같다는 생각에 돈을 씁니다. 하지만 아이에게 이는 큰 의미가 없습니다. 특히 어린아이들에게는 놀러 간 장소가 해외인지 국내인지가 전혀 중요하지 않지요. 엄마와 아빠가 즐겁게 함께해 주기만 해도, 가까운 공원에서 신나게 물총 싸움을 하는 것만도 아이에게는 최고의 추억입니다.

'주말에 친구들을 만나 스타벅스에서 수다 떨기', 이런 취미에 저는 적극 찬성합니다. 스트레스 해소에 안성맞춤인 데다, 프라푸치노의 칼로리가 높고 가격이 다소 비싸다 한들 그 이상의 가치가 있기 때문입니다.

스트레스를 풀기 위해 신경정신과에서 치료를 받으려면 열 배 이상의 비용이 필요할지도 모를 일입니다. 물론 너무 빈번하다면 횟수를 줄여야겠지만, 좋아하는 것도 제대로 못하면서 살아야 하냐는 불만이 생길 정도로 긴축을 할 필요는 없습니다. 행복은 돈으로 따질 수 있는 게 아니니까요.

다만, 순수한 취미라고 생각했는데 어느새 '돈 쓰는 것'이 취미가 되어 있지는 않은지 한 번쯤 되돌아보기를 바랍니다. 주머니에 구멍이 나도 알아차리지 못하는 순간이 올지 모르니까요. 아무리 좋은 취미라도 상한선을 두는 지혜가 필요하지 않을까요.

가난한 사람은
쇼핑할 때
최저가 제품부터 찾는다.

부자는
저렴하다고 해서
무조건 사지 않는다.

가난한 사람의 사고

"어, 부품이 또 떨어졌네. 인터넷으로 최저가 검색 한번 해 봐야겠다. …… 여기가 싼데 배송비가 유료잖아! 배송료도 아낄 겸 연관 상품이나 한번 볼까?"

요즘 사람들은 물건을 구매할 때 인터넷이나 스마트폰을 이용해 소셜 커머스 또는 오픈 마켓에서 상품을 검색하곤 합니다. 예를 들어 오프라인 매장에서 구입할 경우 아기 기저귀 한 상자가 5만 원인데 온라인 공동 구매를 통해 구입하면 2만 5,000원으로 대폭 할인된 가격에 살 수 있기 때문입니다. 또 최저가를 검색하다 보면 더 괜찮은 물건이 나타날 수도 있고 이벤트 중이라면 1만 원을 더 주고 1+1으로 구매할 수도 있습니다.

그런데 이것이 문제입니다. 필요한 물건을 구입하려고 인터넷에 접속했지만 장바구니에 담긴 물품들이나 실제 구매 내역을 비교해 보면 지출이 예상을 훨씬 초과한 사실을 종종 발견할 수 있습니다.

처음에는 "어라, 왜 이렇게 싼 거지?" 하며 클릭하고, 연관 상품으로 올라와 있는 다른 물품을 또 클릭하다 보면 어느새 장바구니는 한가득 찹니다. 최저가 검색을 하려 했다가 최저가로 무더기 쇼핑을 하는 경우가 적지 않은 것이죠.

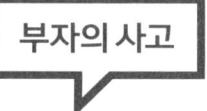

"원하는 물건이라면 모를까, 매일 사야 하는 물건을 제값주고 사기는 아까워. 원래 가던 반품 마트나 B급 마트에 가 보자."

부자는 인터넷으로 쇼핑하는 것을 즐기지는 않습니다. 직접 눈으로 보고 확인할 수 없기 때문입니다. 현금 사용을 선호하는 것도 그렇고 온라인보다 오프라인 쇼핑을 선호하는 것 역시 부자의 특징입니다.

그들은 사야 할 물건이 있을 때 무조건 최저가 검색을 하지는 않습니다. 대신 평소 자주 가는 곳을 정해 놓고 그곳에서 맘에 드는 물건이 있으면 눈여겨보고 있다가 가끔 할인이나 기타 행사가 있을 때를 노려서 구매합니다. 중고 매장을 단골로 둔 부자도 꽤 많습니다. 사실 중고라고 하면 전자 제품만 생각하기 쉽지만 넓게 보면 자동차와 주택까지도 중고로 볼 수 있습니다. 크게 다음과 같이 분류할 수 있지요.

- 부동산(주택), 자동차
- 가구 및 가전제품, 의류
- 서적

중고의 장점은 무엇일까요? 역시 저렴하다는 사실입니다. 고가의 골동품을 제외하면 중고 상품의 가격은 일반 상품의 판매가보다 쌉니다. 물건에 따라 다르긴 하지만, 명품도 1년만 지나면 20~30% 저렴해지고 실제로는 그보다 더 싸게 구매할 수도 있습니다.

그런데 중고 상품이 꼭 헌 물건만 가리키는 것일까요? 그렇지 않습니다. 포장재에 생긴 작은 흠집을 제외하고는 큰 문제가 없는 물건들, 즉 B급 제품도 중고품의 한 형태로 볼 수 있습니다. 이런 이유로 중고가 되어 버렸다고 하면 물건 입장에서도 매우 떨떠름하겠지요. 그래서 요즘은 '떨이몰', '반품 마트' 등 약간의 흠만 팔면 제품은 멀쩡하지만 가격은 반값보다도 저렴한 B급 상품을 구입할 수 있는 곳이 많습니다.

'에이, 그런 상품은 돈이 없을 때나 찾는 곳 아니야?' 하고 생각하면 오산입니다. B급 상품을 판매하는 온라인 웹 사이트의 지역별 이용자 현황을 보면, 서울시 중구 다음으로 강남구가 가장 많다고 합니다. 그만큼 부자들은 실속을 따진다는 이야기입니다.

반면에 이들은 평소 사고 싶었던 물건, 원하는 물건에는 제값을 주고 구매할 것입니다. 감동이 있는 제품을 구매하는 데에서 오는 만족과 성취감이 크기 때문이지요. 지출의 신축성은 바로 이런 것 아닐까요.

가난한 사람은
특별비 지출로
매달 적자에 시달린다.

부자는
특별비 지출을
연간으로 계산한다.

> **가난한 사람의 사고**

"이번 달에는 꼭 50만 원 저축해야지. 앗, 자동차세에 재산세까지! 잊어버릴 만하면 세금이 끼어드네. 또 마이너스……. 돈이 남는 날이 없구나."

'월수입 - 저축 - 매월 특별비 = 당월 사용할 돈'이 기본이지만, 많은 사람들이 주거비나 관리비, 통신비를 내고 나면 먹고살기 빠듯하다고 말합니다.

부자들은 월수입의 일부를 떼어 독하게 선점 저축을 한 뒤 나머지 돈으로 생활을 해 나간다는데, 그러면 매일 '콩나물 반찬'만 먹어야 하는 경우도 적지 않습니다. 선점 저축을 하고 나면 남은 돈으로 임대료에 수도 요금, 통신비, 보험료 등을 모두 내야 하니까요. 이 비용들을 제한 나머지가 그 달에 사용할 돈이 됩니다. 그리고 여기서 돈이 남아야 저축을 할 텐데 잘 지켜지지가 않죠.

카드 사용도 줄이고 허리띠를 졸라매서 '이번 달엔 저축 좀 할 수 있겠다' 생각했다가도 목표를 달성하기는커녕 오히려 예금을 깨야 하는 때도 있습니다. 매달 빠져나가는 고정 지출을 제외하고 갑작스럽게 발생하는 예상 외 지출 때문입니다.

저의 경우, 절약 생활에 돌입한 지 3개월 차에 드디어 목표 저축액에 가까워지고 있었습니다. 그런데 자동차세와 재산세가 체납되었다는, 생각지도 못한 전화를 받고 깜짝 놀랐습니다. 60만 원을 납부하면서 흑자 재정의 꿈은 물 건너가 버렸지요.

그 밖에 보험료를 갱신해야 한다는 연락이 오기도 하고, 숨 좀 돌릴까 하면 휴가 시즌이나 추석, 설 연휴 등 목돈이 나가기 좋은 굵직굵직한 날들이 돌아옵니다. 막연하게 예상은 했지만 이런 지출이 늘면 결국 예금 통장에 손을 대는 경우가 발생합니다. 열심히 절약하고도 돈을 지키지 못한 것이지요. 이런 일들이 반복되면 스트레스가 쌓이게 됩니다.

"스트레스는 절약의 적이야. 예상치 못한 지출에 대비하려면 미리 준비하는 게 상책이지."

이벤트성 지출은 월 단위가 아니라 연간으로 계산하는 것이 좋습니다. 자동차세나 보험료 등은 우리가 기억하고 싶지 않아서일 뿐 사실 제때 돌아오는 지출입니다. 따라서 돈이 궁할 때 기존 통장에 손댈 것이 아니라, 예상 외 지출에 미리 대비해 계획을 세워 놓아야 합니다.

우선 지난 1년간의 굵직한 지출을 대략적으로 기록해 보세요. 자동차 관리비는 기본이고, 여름휴가 비용이나 가족의 생일 선물 비용, 지인 경조사비 등의 명목으로 일정한 예산을 설정해 봅시다. 이 금액이 대략 200만 원이라면 이를 12개월로 나눕니다. 한 달에 10~15만 원씩 저축하면 되겠네요. 10만 원씩 저축하면 1년에 120만 원, 15만 원씩 하면 180만 원이 모입니다.

이 정도 금액은 매월 적립 가능한 범위이고, 미리 준비하면 마음도 불안해지지 않으니 장기적인 계획을 세우는 데 훨씬 큰 도움이 됩니다. 만일 성과급을 수령한다면 이 금액에 성과급을 보탠다고 생각해 계산해도 좋습니다.

'10만 원×12개월(120만 원) + 80만 원(성과급) = 200만 원'

이렇게 계획을 세울 수 있겠지요. 예상 외 지출을 위한 이 저축은 우리가 보통 이야기하는 선점 저축과는 다른 계좌로 만들어 이름을 붙여 주세요. 그래서 혼동하지 않도록 하는 게 좋습니다.

그러면 원래의 저축 목표를 무너뜨리지 않고 꾸준히 저축하는 데 도움이 될 것입니다.

1,000만 원을 저축한 사람들 중에도 과거에는 절약이나 저축과는 인연이 없던 이들이 적지 않습니다. 있는 대로 돈을 다 써 버리는 식이었지요. 하지만 그들이 돈을 모으기 시작하고 부자 되는 습관을 기르기 시작한 순간은 바로 저축 목표를 설정할 때, 또 그 목표를 이룬 기쁨을 체험할 때입니다. 스마트폰을 통해 통장 잔고가 늘어나는 걸 보는 것이 너무나 즐겁다는 분도 있더군요. '돈 모으는 맛'을 알면 그 중독에서 빠져나오지 못한다고들 하지요.

그래서 매월 저축액을 확인하는 것도 좋지만 1년 동안 자신이 모을 수 있는 돈을 미리 계산해 보는 것도 돈 모으는 맛을 알게 해 주는 데 큰 도움이 됩니다. 1년 전 같은 달에 비해 돈이 얼마나 늘어 있는지를 확인해 보는 것도 기쁜 일입니다.

저축 액수가 크든 작든, 우리가 해야 할 일은 계획 있게 소비하며 지출을 포함해 나의 생활을 통제하는 데서 만족감을 느끼는 것입니다. 그러다 보면 점점 자신감이 붙고 돈이 모이는 것이 즐거워집니다.

가난한 사람의
출근 준비는
늘 분주하다.

부자의
출근 준비는
여유롭다.

가난한 사람의 사고

"알람이 안 울렸나? 또 늦겠네. 택시를 타야겠어. 배고프니까 편의점에서 간식거리라도 사서 가야지."

돈이 모이지 않는 사람들은 생활이 불규칙한 경우가 많습니다. 예를 들어 밤을 새우다시피 해 다음 날 알람 소리도 못 듣고 늦잠을 자다가 겨우 일어나 보면 출근 시간 10분 전입니다.

이런 경험 있나요? 그렇다면 조금 긴장해야겠습니다. 하루 이틀은 괜찮습니다. 그러나 이런 패턴이 지속되면 돈을 모으기도 쉽지 않습니다. 예정에 없던 씀씀이가 커질 가능성이 높으니까요. 또 회사에 지각을 하면 업무 파악하랴 바쁘고 제때 퇴근하지 못한 채 야근을 합니다. 집에 늦게 돌아와 TV를 보다가 또다시 다음 날 늦잠을 자는 악순환이 반복될 수 있습니다.

돈을 모으고 싶다면 어디서부터 변화를 줘야 할까요?

작은 습관이지만 아침에 일찍 일어나는 것부터 시작해 보세요. '아침형 인간이 성공할 가능성이 높다', '부자들은 아침에 일찍 일어난다' 등의 이야기를 많이 들어 봤을 겁니다. 특히 돈을 모으는 것과 관련해 아침형 생활에는 어떤 장점이 있을까요?

"출근 시간까지는 여유가 있어. 오늘은 샌드위치를 만들어 볼까? 퇴근 후에는 약속이 있으니 저녁 준비는 안 해도 되겠네."

우선 아침에 일찍 일어나면 아침 식사를 집에서 제대로 먹을 수 있습니다. 출근길에 편의점이나 카페에 들러 아침부터 외식비를 사용하지 않아도 됩니다. 마음만 먹으면 도시락을 만들 수도 있습니다. 점심값도 줄일 수 있겠네요. 좋아하는 커피나 차를 준비해 개인 텀블러에 담으면 커피나 음료 비용을 절약할 수 있습니다. 편의점이나 자판기에서 그때그때 사 먹는 음료비도 비중이 제법 큰 돈이니까요.

아침 시간에 여유가 있으면 출근에도 별문제가 없습니다. 늦게 일어난 탓에 물건을 깜빡 잊고 나와 불필요하게 다시 사는 일도 없어집니다. 지각할까 봐 택시를 타는 경우도 방지할 수 있고요.

아침 일찍 일어나려면 밤에도 일찍 자게 됩니다. 그러면 TV와 인터넷으로 전기 요금을 낭비할 일도 없습니다. 아울러 밤에 야식을 먹지 않으니 살도 찌지 않겠네요. 특히 성장호르몬이 왕성하게 분비되는 밤 10시부터 새벽 2시에 잠을 자는 것은 건강에 매우 유익하다고 하지요. 숙면을 취하면 다음 날 업무 성과에 큰 도움이 되는 건 말할 것도 없습니다.

모처럼 일찍 일어났다면 아침 시간을 효율적으로 활용하고 싶을 것입니다. 직장인이라면 자기 계발, 블로그, 운동 등 평소 관심 있던 일들을 시도할 수 있습니다. 아무런 목적 없이 수시로 편의점에 들러 음료를 사 마시고 매일 아침 카페에서 식사를 하면, 월급은 순식간에 사라져 버립니다.

더구나 사회 초년생이라면 아침에 카페에서 보내는 시간은 매우 아깝습니다. 집에서 제대로 아침 식사를 하고 10~20분 일찍 출근해 그날의 업무를 정리하면 시간을 효율적으로 사용할 수 있습니다. 회사에 비치된 신문을 읽어도 좋고, 컴퓨터의 파일을 정리하거나 뉴스를 확인해 보는 건 어떨까요.

아침 시간은 직장인에게 골든 타임이라고도 합니다. 소중한 시간과 돈을 낭비하지 않고 의미 있는 데에 투자하면, 하루하루가 달라질 것입니다.

칼럼

가계부의 함정

●

 가계부는 쓰는 것이 좋을까요, 쓰지 않는 것이 좋을까요? 그 전에 스스로에게 질문해야 할 것이 있습니다. 바로 '가계부를 왜 쓰는가?'입니다. 가계부를 작성하는 가장 큰 목적은 돈의 사용 내역을 살펴보고 불필요한 지출을 줄이기 위해서입니다.

 지출을 왜 굳이 줄여야 할까요? 목표가 있기 때문입니다. 행복한 집에서 가정을 꾸리기 위해, 사랑하는 사람에게 선물을 사 주고 싶어서, 올해는 꼭 해외여행을 떠나고 싶어서 돈을 모으지요. 그런데 이처럼 돈을 많이 모으고 싶다면, 지출을 줄이는 것 외에 돈을 늘릴 만한 길을 찾아내는 것도 방법입니다. 돈을 늘리는 방법은 세 가지입니다.

- 씀씀이를 줄이는 것
- 급여를 올리는 것
- 돈을 굴려서 불리는 것

첫 번째는 불필요한 지출을 줄이고 절약하는 것이고, 두 번째는 연봉 인상이나 승진 또는 이직으로 몸값을 올리거나 일하는 양을 늘리는 것입니다. 마지막은 현재 보유하고 있는 돈을 불리는 것인데, 이는 투자의 영역입니다.

가계부를 쓰는 것은 이 중 첫 번째 방법에 해당합니다. 가계부 작성으로 지출을 잘 관리해서 돈을 조금 보탤 수는 있지만, 수익이 늘거나 자산 운용을 잘하게 되는 것은 아닙니다. 오히려 가계부를 열심히 쓰고 지출 관리에만 집중하다 보면 나머지 두 영역에 소홀해질 수도 있습니다.

또 지출을 줄인다면 100원, 1,000원을 줄이는 것보다 큰 액수의 지출을 똑똑하게 줄이는 게 중요합니다. 살아가면서 큰돈이 드는 '3대 비용'이 있습니다. 바로 내 집 마련 비용, 보험료, 교육비입니다. 예를 들어 보험이라면 종신 보험, 변액 보험에 가입한 사람들이 적지 않습니다. 보험의 보장 내역을 다시 검토한 뒤 불필요한 보장이 없는 상품에 가입하면 장기적으로 크게 절약이 됩니다.

많은 사람들이 간과하는 또 하나의 사실은 1,000원, 만 원 아끼느라 시간과 정신적인 에너지를 과도하게 쏟고 있다는 것입니다. 작은 절약에 신경 쓰는 대신 그 에너지를 투자 또는 나의 몸값을 올리는 데 쏟는 것은 어떨까요.

절약에 집중하다 보면 친구와 커피를 마시는 것조차 돈이 아깝다고 느낄 때가 있습니다. 그러나 친구와 차를 마시는 동안에 때로는 사업 아이디어가 떠오른다는 사람도 있습니다. 투자를 하면서 고민이던 부분을 해결할 실마리를 얻을 수도 있습니다.

좋은 직장이나 비즈니스 기회가 지인을 통해 연결되는 경우는 전체의 60%에 달합니다. 그러니 절약만 고수하는 것은 오히려 기회를 놓치는 우를 범할 수도 있음을 명심해야 합니다.

게다가 가계부를 쓰는 데에만 집중하면 아껴야 한다는 마음만 강해지므로 생활이 초라해질 수밖에 없습니다. 처음에는 쓸데없는 지출을 낭비하지 않기 위해 작성을 시작했지만 시간이 지날수록 절약해야 한다는 강박에 시달릴 수 있습니다. 특히 하루 단위로 기록하면 돈을 줄이는 법은 알아도 늘리는 방법은 어느새 잊어버리지요. 가계부의 함정에 빠지게 되는 겁니다.

가계부 작성, 그러면 그만두는 것이 좋을까요? 그렇지는 않습니다. 지출을 파악하는 것은 매우 중요하니까요. 하지만 꼭 기록으로 남긴 것만이 가계부는 아닙니다.

일상생활에서 쓰는 비용을 신용카드로 지불하면 카드 명세서가 가계부를 대신할 수 있습니다. 이때 신용카드 결제일에 '전월 1일부터 말일'까지의 사용 금액이 청구되도록 정해 두면 좋습니다. 현대와 롯데를 제외한 대부분의 신용카드사들은 결제일이 매월 14일인데, 이는 전월 1일부터 말일까지의 사용액을 결제하는 날짜라서 지난 1개월간의 사용 내역을 한 번에 알 수 있습니다. 영수증을 파일 보관함에 정리하며 가계부처럼 활용해도 좋습니다.

이런 방법으로 가계부 작성을 대신할 수 있다면 괜찮지 않을까요. 대신 그 시간에 다른 일, 하고 싶은 일에 집중하면 될 것입니다. 가계부를 쓰는 것으로 만족하는 사람도 있지만, 그것만으로는 돈을 모을 수 없다는 사실을 본인 스스로도 알고 있을 것입니다. 그 시간에 다른 의미 있는 일을 하는 것이 훨씬 중요합니다.

현명한 소비, 검소함은 부자를 더욱 부자로 만드는 중요한 특징입니다. 가계부는 소비 습관을 되돌아보고 지출을 통제하는 데 도움을 줄 수는 있지만, 돈을 늘리는 데에는 도움을 주지 못합니다.

지금까지 사람들은 부자가 되는 세 가지 방법 중 지출을 줄이는 것과 소득을 늘리는 것에 대해서는 많이 배워 왔습니다. 그러나 앞으로는 돈을 늘리는 방법, 즉 투자에 더 관심을 둬야 합니다.

제3장
부자의 업무 습관

가장 나쁜 실패는 시작조차 못하는 것이다.
- 해럴드 블레이크 워커 Harold Blake Walker

POORMAN
VS
RICHMAN

가난한 사람은
목표를 크게 세우고
허둥지둥한다.

부자는
목표를 작게 세우고
실천한다.

가난한 사람의 사고

"목표를 너무 작게 잡으면 없어 보이니까 일단 매출 10억 원 달성으로……."

보통 사람들은 막연히 꿈을 꾸고 꿈에 그치는 경우가 많습니다. 달성할 수 없는 목표를 세우는 경향이 강하기 때문입니다. 예를 들면 연 매출 10억 원 달성, 1년 안에 영어 회화 달인 되기, 12월 24일에 결혼하기 등이 그런 목표이지요.

평범한 사람들이 계속 일을 하면서도 잘 안 풀린다고 생각하는 까닭은 잘 해 놓은 일도 제대로 못 한 것처럼 보이게 목표를 만들어 놓아서입니다. 이를 '지는 습관'이라고도 합니다.

처음부터 불가능한 목표를 설정해 놓으면 이는 그 불가능한 일에 자신을 매이게 하는 것이나 다름없습니다. 현실과 이상 간의 괴리가 커지면 돌아오는 것은 자책과 실망뿐입니다. 일이 원활하지 않다고 생각하는 사람들은 회사와의 약속이나 친구와의 약속, 또 나와의 약속을 지키지 못했다는 죄책감이 가득합니다. 이처럼 나를 믿지 못하는 상황에서 목표를 향해 전진하기는 어렵습니다.

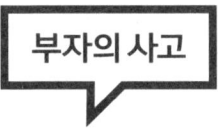

"10억 원이라는 목표부터 세우면 힘만 빠질 뿐이야. 1,000만 원 목표를 달성한 뒤 하나씩 풀어 나가자."

부자들은 가능한 목표를 설정하고 하나씩 성취감을 맛보면서 차근차근 올라갑니다. 이를 '이기는 습관'이라고도 합니다.

매출 10억 원 달성이라는 목표가 있다면 부자들은 이 목표를 잘게 쪼갭니다. 10억 원이면 10원짜리 동전 1억 개입니다. 1,000만 원 단위부터 모은다고 생각해 봅시다. 1,000만 원을 100번 모으면 목표를 달성할 수 있습니다. 목표의 난이도가 낮아지니 성취감을 느낄 수 있는 기회도 배가 됩니다. 게다가 10억 원이라는 큰 목표를 달성하는 과정에서 100번의 작은 목표를 달성하는 기쁨까지 누릴 수 있습니다. 한 번의 기쁨과 100번의 기쁨에는 큰 차이가 있겠지요.

목표를 잘게 나누어 계획을 실천하세요. 크게 보면 그게 그거 아니냐고 반박할 수 있겠지만, 사실 전혀 다릅니다. 꿈을 이룬 사람들, 또 부자가 된 사람들이 가장 소중하게 여기는 순간은 큰 성공이 아니라 그 씨앗이 되었던 작은 성공의 순간들입니다.

　이때 얻은 성취감이 몸에 배어 뇌에 새겨지다 보면 '나는 성공할 수 있는 사람이다, 멋지고 괜찮은 인간이다, 나는 할 수 있다' 하는 자신감이 차곡차곡 쌓입니다. 그리고 꿈은 이루어진다는 이야기가 빈말이 아니게 됩니다. 꿈을 이룰 수 있다는 믿음이 자신의 잠재의식으로 들어오는 것입니다.

　월급쟁이 사장으로 출세하겠다고 마음먹었다면 우선 "사원인데 이 정도로 노력한 사람은 없었어"라는 말을 들을 정도로 분발하는 것이 좋습니다.

　이렇게 해서 목표와 싸워 이기는 습관을 기르는 것도 중요합니다. 꿈을 이루지 못하는 사람에게는 지는 습관이 있습니다. 이룰 수 없는 습관을 세워서는 안 됩니다. 목표는 작게 세우는 것이 원칙입니다. '목표는 작게, 노력은 크게'를 명심하세요. 그러면 목표를 금세 달성할 수 있을 뿐 아니라 또 다른 꿈을 향해 나아갈 수 있습니다. 이런 식으로 작은 성공을 이어 가다 보면 자연스럽게 이기는 습관이 붙고 천하무적이 될 것입니다.

　이상하게도 인간은 생각하는 대로 움직이고 행동하게 됩니다. 해낼 수 있다는 확신이 있다면 목표가 아무리 높더라도 이룰 수 있습니다. 그런데 이 확신은 작은 성공이 만들어 줍니다. 사실 대부분의 사람들이 큰 목표를 세우지 않는 이유는 실현 불가능한 꿈을 꾸고 있기 때문입니다. 정말로 꿈을 이루고 싶다면, 그 꿈을 이루기 위해 할 수 있는 작은 일 또는 그 꿈과 가까워질 수 있는 작은 꿈부터 품으세요. 작은 꿈을 이루면서 커다란 꿈을 계속 이어 가면 목표는 결국 나에게 옵니다.

강윤선 준오헤어 대표는 2015년에 한 강연에서 다음과 같은 말을 했습니다.

"두꺼운 책 360쪽을 한 번에 다 읽기는 어렵습니다. 하지만 한 달 동안 나눠 읽기로 하면 하루에 20쪽, 즉 10장입니다. 버스나 지하철로 이동하거나 혹은 기다리며 읽을 수 있는 분량입니다."

눈앞의 일이 너무 힘들거나 무겁다면 쪼개세요. 지금 해야 하는 일에 집중하면 됩니다. 오늘 하루 최선을 다하자고 생각하면 나머지 일도 잘 풀립니다.

가난한 사람은
덧셈의 일을
한다.

부자는
곱셈의 일을
한다.

> **가난한 사람의 사고**

"아침 7시부터 밤 11시까지 하루 종일 일하고 있잖아. 월급이 늘어난 것도 아니고. 피곤하다."

우리나라 기업 문화에서는 늦게까지 야근하는 직원이 성실하다고 생각합니다. 반대로 제시간에 퇴근하면 "오늘 무슨 일 있어? 일찍 가네" 하는 식으로 넌지시 묻지요. 근황이 걱정되어 물어본 것일 수도 있지만, 한편으로 '나보다 일찍 퇴근한다고? 부장은 아직 자리에 있는데'처럼 못마땅한 마음도 섞여 있을 것입니다. 그래서 갓 입사했거나 이직한 지 얼마 안 된 이들은 아예 저녁 일정을 비워 놓기도 하지요. 회사에 충성하는 직원, 성실한 직원이라는 이미지를 심어 주기 위해서입니다.

하루 종일 일하는 것은 '성실하면 성공한다'라는 공식에 충실하게 따르는 것입니다. 그러나 일하는 시간을 늘리면 돈을 많이 벌고 성공한다는 생각이 틀렸다는 사실은 간단한 계산으로도 알 수 있습니다.

우선 '시간' 때문입니다. 하루는 24시간이지요. 예를 들어 시간당 시급 1만 원으로 일한다고 합시다. 1시간 일하면 1만 원, 2시간이면 2만 원, 하루 24시간을 일해도 최대 24만 원입니다. 이것이 그날 벌 수 있는 수입의 상한선입니다. 더 벌고 싶어도 몸이 하나이니 어쩔 수 없습니다. 정규직이라면 더욱 쉽지 않습니다. 한 몸으로 여러 회사를 겸할 수 없으니까요. 근무시간이 늘어나면 오히려 나의 가치는 급격히 떨어집니다. 월급은 같은데 일하는 시간이 늘었으니 1시간당 버는 돈은 줄어드는 것이지요.

A 씨:

* 실수령액 연간 5,000만 원 / 1일 11시간 근무 / 왕복 2시간 통근 / 연간 245일 근무

5,000만 원÷245일 = 20만 4,080원(1일)

20만 4,080원÷13시간(통근 시간 포함) = 1만 5,700원(1시간)

⇒ 시급 1만 5,700원 / 일급 약 20만 원

A 씨(승진):

* 승진으로 근무시간 2시간 추가 + 이사로 통근 시간 1시간 추가
* 실수령액 연간 5,000만 원 / 1일 13시간 근무 / 왕복 3시간 통근 / 연간 255일 근무

5,000만 원÷255일 = 19만 6,080원(1일)

19만 6,080원÷16시간(통근 시간 포함) = 1만 2,250원(1시간)

⇒ 시급 약 1만 2,300원 / 일급 약 20만 원

B 씨:

* 실수령액 연간 4,000만 원 / 1일 11시간 근무 / 왕복 2시간 통근 / 연간 245일 근무

4,000만 원÷245일 = 16만 3,270원(1일)

16만 3,270원÷13시간(통근 시간 포함) = 1만 2,560원(1시간)

⇒ 시급 약 1만 2,600원 / 일급 약 16만 원

가령 직장인 A 씨와 B 씨가 있습니다. 이때 A 씨의 경우 연봉은 B 씨보다 많습니다. 일급으로 비교하면 B보다 4만 원 더 법니다.

그리고 다음 해에 승진한 A 씨는 근무량이 많아 퇴근 시간이 늦어졌습니다. 이사를 가면서 통근 시간도 1시간 늘었죠. 회사에 매이는 시간이 더 많아진 것입니다. 이 경우 일급은 전과 비슷하지만 시급으로 따지면 오히려 3,000원가량 줄어들었습니다. 자신의 가치가 떨어진 것이지요. 뿐만 아니라 시급은 B 씨와 비교해도 적게 받는 셈입니다.

만일 온종일 일해서 월급을 많이 받겠다면 이때는 체력이 관건입니다. 그러나 젊을 때는 일하는 시간을 늘려 돈을 벌 수도 있겠지만 나이가 들고 체력이 약해지면 일하는 시간도 줄게 됩니다. 시간으로 돈을 벌었기 때문에 노동시간의 감소는 수입의 감소로 이어집니다.

즉, 일한 시간으로 돈을 버는 데는 한계가 있습니다. 이제는 양에서 질을 따지는 시대입니다. 오래 일하는 것이 중요한 게 아니라 같은 시간 동안 얼마만큼의 성과를 내느냐가 훨씬 중요합니다.

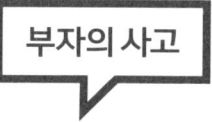

"시간제로 일하는 건 돈을 버는 데 한계가 있어. 판매량으로 승부할 수 있는 비즈니스나 콘텐츠를 만들어야겠어."

부자가 되는 사람은 시간을 팔아 일을 하는 덧셈의 방식으로는 돈을 많이 벌지 못한다는 것을 알고 있습니다. 그래서 연봉이 많아도 시간의 제약을 받는 일은 피하려고 합니다. 자신의 가치를 높이기 위해 필요한 시간이 줄어들수록 원하는 만큼 돈을 벌기 어렵다는 사실을 알고 있으니까요.

부자는 곱셈의 일을 선택합니다. 한번 만들면 복제가 가능한 아이디어, 사업, 콘텐츠, 투자 등이 그것입니다. 시간을 파는 게 아니라 사람들이 원하는 가치를 제공함으로써 돈을 법니다. 스스로 만든 콘텐츠나 사업, 투자의 판매량을 늘리는 것이지요. 곱셈의 일에서 중요한 것은 부가가치와 판매량입니다. '부자의 일×수요량 = 돈'이라는 공식이 성립되지요.

예를 들면 예술가의 작품, 가수의 노래, 콘텐츠가 대표적입니다. 1,000원짜리 콘텐츠를 한 사람에게 팔면 1,000원이지만, 1,000명에게 팔면 100만 원입니다. 이것이 곱셈의 일입니다. 그리고 이것이 전 세계로 뻗어 나가면 수십억 원의 매출을 기대할 수 있습니다. 시간이 아니라 판매량으로 승부하는 것입니다. 벌어들이는 돈에 상한선이 없습니다.

빵을 만드는 사람이라면 빵을 판매하는 것 외에도 제빵 관련 정보를 책으로 펴낼 수도 있습니다. 한 사람이 만든 서비스나 제품을 여러 사람이 이용할수록, 그 부가가치는 더욱 불어납니다. 부자가 더 부자가 되는 이유는 곱셈으로 돈을 벌기 때문입니다.

월급은 아무리 벌어도 덧셈일 뿐입니다. 혼자가 아니라 두 사람이 번다고 해도 이 사실은 바뀌지 않습니다. 하지만 사업이나 투자는 우리의 삶을 곱셈으로 바꿀 수 있습니다. 처음에는 덧셈과 곱셈 간에 큰 차이가 나지 않을 수 있습니다. 일례로 '1.2+1.2=2.4'라는 덧셈과 '1.2×1.2=1.44'라는 곱셈에서는 오히려 덧셈이 더 나아 보이지요.

그러나 시간이 흘러 1.2라는 값이 100 아니 10으로만 증가해도 상황은 하늘과 땅 차이로 바뀝니다. 그때쯤이면 덧셈은 절대로 곱셈을 이기지 못하지요.

세상은 달라집니다. 현실에 맞지 않는 낡은 생각이 있다면 과감히 버리는 것이 현명하겠지요. 부자는 이런 트렌드를 파악하고 가능한 일과 아이템을 계획하고 실행합니다.

가난한 사람은
시간을 팔아
돈을 번다.

부자는
돈을 주고
시간을 산다.

가난한 사람의 사고

"이 사람, 나랑 동갑이잖아? 집안이 좋지도 않고 정말 평범했던 것 같은데. 왜 이런 차이가 생긴 거지……."

텔레비전에 나오는 부자들을 보면 이런 생각이 들지 않나요? 같은 시간을 살아왔는데 어디서 이렇게 차이가 발생한 것일까요.

바로 그들은 시간을 낭비 없이 제대로 사용해 왔던 것입니다. 흔히 시간은 돈이라고 이야기하지만, 부자들은 시간을 돈보다 더 중요하게 여깁니다. 이 사실만큼은 분명합니다.

평범했던 사람이 어느 순간 남들과 다른 위치에 설 수 있는 이유는 그가 시간을 남다르게 써 왔기 때문입니다. 그렇게 해서 자산을 쌓아 온 부자들은 시간의 소중함을 알기에 본업 외의 업무는 다른 사람에게 돈을 주고 맡깁니다. 그러고는 그 시간에 자신의 부를 늘리는 데 집중하니 빈부의 격차가 더욱 벌어지지요. 이러한 차이를 알지 못하는 평범한 사람들은 계속 시간을 팔아서 돈을 벌 수 밖에 없습니다.

부자는 시간도 '투자'와 '소비', '낭비'라는 개념으로 구분할 수 있습니다. 나를 위해 보내는 시간인 투자, 일상생활을 위해 쓰는 소비, 푸념이나 하소연 등에 버리는 낭비 등으로 말이지요.

이때 시간 역시 평소 돈을 사용할 때와 마찬가지로 세 가지 개념 중 투자에 초점을 두면 행복해질 확률이 더 높을 것입니다. 여기서 투자란 업무상 성과일 수도 있지만 나에게 유익한 어떤 목표가 될 수 있습니다. 예를 들어 힐링을 한다든가, 스스로가 행복해질 수 있는 길을 찾는 것이지요.

특히 젊은 사람일수록 생애 소득을 높이는 방법으로, 시간의 가치에 유념해야 합니다. 노동 가능한 기간이 상대적으로 긴 젊은 사람은 가치가 당연히 올라갑니다. 젊을 때 자신의 가치를 높이는 방법을 깨달으면 평생 연봉에서 그 격차를 더 벌릴 수 있습니다. 자기 투자의 개념으로 전직 등을 통해 연봉을 두 배, 세 배로 평가해 주는 곳으로 이동할 수도 있습니다. 자기 투자와 생애 소득으로 수입을 올릴 경우 그 효과가 큰 것은 젊은 사람입니다.

사람들은 이를 알면서도 놓치곤 하는데요. 그래서 계획이 중요합니다. 내가 소중하게 생각하는 것이 무엇인지를 먼저 파악하고, 그 목표를 위한 시간을 확보하는 것이 중요합니다. 자신을 위한 시간을 우선 확보하고 그에 따라 다른 작업이나 약속을 만들어 나가는 것이지요.

　나이가 들면 직장 내에서도 여유가 생길 거라고 예상하지만 그건 착각입니다. 중견 직원으로서 후배와 상사 모두를 챙겨야 하기 때문에 의외로 많은 일들이 기다리고 있습니다.

　관리직에 오르면 전문적인 역량보다는 관리자로서의 인간적인 면모가 더 중요하다고 흔히 이야기합니다. 그만큼 주변 사람들과의 관계나 업무에서 발생하는 다양한 일들을 잘 처리해야 합니다. 교류도 늘어나 모임, 회식 등도 챙겨야 하지요.

　예전만큼은 아니지만 오늘날에도 여전히 회사 행사나 회식은 직장인이라면 거절하기가 어렵습니다. 제대로 신경 쓰지 않거나 선을 지키지 않으면 결국 스케줄이 꽉 차고 쫓기는 일상이 됩니다. 그때는 돈으로 시간을 산다 해도 역부족입니다.

"시간은 돈이야. 1시간을 아껴서 능력을 더하고, 10분을 쪼개서 나의 가치를 높여야 해."

현재 직장에 다니는 사람은 어떻게 해야 할까요? 스케줄이 빠듯하다고 하소연하는 사람이 많습니다. 그런데 부자가 되는 사람은 돈을 시간으로 바꿉니다. 한 예로, 맞벌이 부부는 청소하는 것이 늘 귀찮고 번거롭습니다. 그러나 청소를 미루는 것도 한계에 달할 때가 있지요. 이때 돈으로 시간을 살 수 있습니다. 청소에 드는 시간을 사는 것입니다. 청소 도우미가 청소를 하는 시간에 부부는 각자의 업무를 보지요. 그리고 그 시간에 업무 능력을 키워서 성과를 냅니다.

이렇게 차츰 역량을 키우면 자신의 가치가 올라갑니다. 처음 입사할 때에는 사원들 간에 연봉이나 월급이 크게 차이가 나지 않습니다. 하지만 1시간을 아껴서 업무에 능력을 더하고 10분을 쪼개서 자신의 가치를 높이면, 어느덧 100명 중 한 사람, 만 명 중 한 사람의 역할을 할 수 있습니다.

가장 주의해야 할 점은 시간을 낭비하는 것이지요. 의미 없는 회의나 회식이 그런 경우입니다. '회의가 길어지면 회의감이 커진다'라고도 하죠. 회식도 마찬가지입니다. 즐거운 분위기로 시작하지만 회식에서는 꼭 험담이나 푸념이 나오기 마련입니다. 이는 시간뿐 아니라 돈도 낭비하는 일입니다.

마이너스 지출이라는 판단이 선다면 차라리 저녁 시간에 정기적으로 스터디 모임을 갖는 것도 방법입니다. 업무 향상을 위해 공부하러 간다는 직원을 막는 상사는 그리 많지 않겠지요. 내 시간을 확보하고 그 시간에 역량을 키운다면 분명 성과로 이어집니다.

성취감을 느끼려면 작은 것부터 시작하세요. 목표를 세웠다면 1개월은 단단히 마음먹고 나를 위해 시간을 투자해 보세요. 그것이 나의 성장과 미래에 필요하다고 생각해, 나만의 시간을 먼저 확보하는 것입니다.

우연히 번 돈은 내 것이 아닙니다. 돈을 버는 것은 행운이 아니라 노력을 통한 창출임을 반드시 기억하세요. 또한 돈을 버는 것은 나의 시간을 파는 게 아니라, 나의 기술과 능력을 제공함으로써 대가를 얻는 일임을 기억하세요.

가난한 사람의
책상에는
서류 더미가 쌓여 있다.

부자의
책상은
깔끔하다.

가난한 사람의 사고

"그 서류가 어디에 있지? 책상에 온통 지저분한 것들이 쌓여 있잖아. 일 시작하기도 전에 기분이 엉망이네. 명함은 많은데 내 명함은 왜 안 보이는 거야?"

이런 경험 없으신가요? 양옆에 서류를 쌓아 올려 자신만의 벽을 구축한 사람, 서류는 많지만 정작 필요한 자료는 찾을 수가 없어서 한참 헤매는 사람……. 일을 과연 제대로 할 수 있을까 하는 의문이 듭니다. 만일 당신이 누군가와 계약을 해야 하는 상황이라면, 뭐가 뭔지 알 수 없는 서류가 가득 쌓인 책상의 주인과 거래하고 싶을까요.

이 이야기에 왠지 찔리는 것 같다면 아마도 당신 책상의 모습일지도 모릅니다. 물론 이것이 꼭 본인 잘못은 아닙니다. 컴퓨터로 일을 처리한 뒤에 서면으로 보고를 하고, 회의할 때도 출력을 하는 것이 일반적인 업무 방식이니까요. 회의 한두 번에 이것저것 자료 조사만 해도 책상 위에 서류가 쌓이는 것은 순식간입니다.

하지만 그렇다고 해서 이런 책상을 그대로 둬도 괜찮다는 사고

방식은 곤란합니다. 예를 들어 거래처와 약속이 있을 때, 일을 앞두고 책상에서 서류를 이리저리 찾으면서 식은땀을 흘리고만 있다면 당신은 중요한 비즈니스 기회를 놓치게 될 수도 있습니다.

반대로, 책상에서 필요한 문서만 금방 꺼내서 전달한다면 작은 차이로 일 잘하는 직원이라는 이미지를 심어 줄 수도 있습니다. 결국 책상을 어떻게 관리하느냐가 그 사람의 업무 성과를 판가름하는 중요한 습관이 되기도 하는 것입니다.

그러면 책상 위는 왜 이렇게 지저분한 것일까요? 처리해야 할 것과 참고해야 하는 것이 쌓여 있어서입니다. 또 파일 보관함에 넣어야 하는 자료나 책, 잡지 등이 너무 많기 때문이지요. 이것저것 다 필요해서 두는 거라고 하겠지만, 잘 생각해 보면 사용 목적이 불분명하고 자료를 두는 기준도 모호합니다. 이런 애매한 기준이 서류가 산더미처럼 쌓인 책상을 만듭니다.

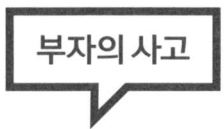

"책상이 지저분한 건 머릿속이 정리되어 있지 않다는 거나 마찬

가지야. 책상만 정리해도 업무 효율을 배 이상 올릴 수 있어."

일을 잘하는 사람의 책상을 보면 대체로 물건이 제자리에 놓여 있고, 필요한 자료나 서류를 꺼낼 때에도 지체 없이 찾아냅니다. 물론, 스티브 잡스나 아인슈타인, 마크 저커버그처럼 발산형 사고를 하는 사람들의 책상은 지저분하다는 이야기도 있습니다. 그러나 어질러진 것도 한계를 넘어서면 일을 방해합니다.

공간은 사람의 머리라고도 하지요. 책상도 마찬가지입니다. 정리가 되어 있는 사람은 머릿속도 정리되어 있어서 일의 판단도 빠르고 정확합니다. 중요한 고객을 만났거나 상사에게 보고할 때, 전달하기로 한 서류나 물건을 찾을 수가 없다면 난처할 것입니다.

더욱 중요하게는 일할 때의 마음가짐에도 영향을 줍니다. 질서 있게 정리되지 않은 상황에서는 자신이 업무를 통제하지 못한다고 느끼기 때문에 좌절감이 동반되기 쉽습니다. 부정적 감정은 업무 효율을 떨어뜨리는 주범입니다. 부자는 이런 패턴을 알고 있기 때문에 미리 책상이나 가방 등을 정리하는 것입니다.

업무 효율이 높아지면 지금보다 몇 배의 성과를 낼 수 있습니다. 하루 8시간 일을 한다고 할 때 1%의 효율을 높이면 5분이라는 시간을 얻을 수 있습니다. 5분씩 한 달이면 결코 적지 않은 시간이 되고, 이때 의미 있는 작업을 한다면 분명 성과는 달라집니다.

이런 얘기를 들으면 내 책상도 정리해야겠다는 생각이 들 것입니다. 하지만 정리를 해도 금세 지저분해진다는 사람이 있습니다. 이는 정리하는 목적과 기준이 명확하지 않아서입니다. 효율을 높이기 위해서는 책상 위의 서류와 필기구, 명함 등이 그 자리에 있는 목적과 기준이 명확해야 합니다. 당연한 듯하지만 많은 사람들이 의외로 이 목적과 기준을 생각하지 않은 채 라벨을 붙이기 때문에 정리를 하고서도 서류를 찾는 데 시간이 걸리는 것입니다.

대부분 고객의 이름, 혹은 프로젝트 단위로 분류를 하지만 이렇게 하면 언제 필요한지 알 수가 없습니다. 제가 서류 더미에서 빠져나오기 위해 고안한 방법은 '상자 4개'를 사용하는 것입니다. 빈 A4 용지 상자도 좋습니다.

- 1. 액션 상자: 업무를 처리해야 할 서류
- 2. 보관 상자: 검토 후 보관 여부를 판단할 서류
- 3. 처분 상자: 분쇄기 또는 휴지통으로 이동할 서류
- 4. 우선 상자: 1~3 중 어디에 넣어야 할지 잘 모르겠는 서류

1~3번 상자 3개만으로도 충분하지만, 4번 상자를 만들어 놓으면 서류를 분류하거나 판단할 때 지체되는 시간을 줄일 수 있습니다. 이는 헤매고 있다는 느낌 때문에 업무 의욕이 떨어지는 것을 방지하고 정신적 스트레스를 줄여 줍니다. 그리고 4번 상자 속 서류를 판단하려면 오히려 업무를 방해할 수 있으니, 이 상자는 일주일 또는 한 달 간격으로 퇴근 전 시간에 점검한 뒤 비우는 것이 좋습니다.

　이렇게 해도 정리가 되지 않는 사람이라면 물건을 버리지 못하는 경우라고 할 수 있는데요. '이 물건이 이렇게 시간을 들여 고민할 정도로 가치가 있을까?', '더 우선시해야 하는 정보는 없을까?' 하고 스스로에게 질문하는 것이 도움이 됩니다.

　이렇게 해서 반드시 보관해야 하는 서류만 2번 보관 상자에 넣습니다. 나머지는 일정한 시간 간격으로 버려 주세요. 그것이 업무 효율을 높이는 부자의 습관입니다.

가난한 사람은
타인의 평가에
민감하다.

부자는
스스로 평가하고
감사할 줄 안다.

가난한 사람의 사고

"감사하라고? 좋은 일이 있어야 감사를 하지. 요즘처럼 일이 잘 안 풀릴 때는 그럴 만한 거리도 없는데."

이런 상황에서 떠올리게 되는 일이나 감정은 주로 부정적인 것들입니다. 그리고 이런 부정적 감정은 우리가 무언가를 '하고 싶지 않은 느낌'을 더욱 강하게 만드는 경향이 있습니다.

기분이 좋다가도 누가 작은 꼬투리를 잡아 비꼬는 말이라도 하면 금세 기분이 나빠지지요. 이렇게 부정적인 감정이 생기면 이에 대해 생각을 하고, 그 생각을 점점 발전시킵니다. 부정적인 생각은 부정적인 일을 상상하게 하고, 이 연결 고리가 꼬리에 꼬리를 물고 늘어지며 비슷한 결과를 만들어 냅니다.

머릿속에 부정적인 생각만 맴돌고 있으니 표정이 좋을 리 없고 사람을 대할 때에도 억지웃음을 짓기 쉽죠. 그러면 머피의 법칙이 통하기 시작합니다. '왜 이렇게 되는 일이 없지' 하며 상심하고 우울해집니다.

사람들은 대개 감정은 내가 어떻게 할 수 있는 것이 아니라 주어진 것이라고 생각합니다. 그러나 상황을 어떻게 받아들일지는 선택에 달려 있습니다. 인간이 선택할 수 있는 유일한 것이 '생각'입니다. 생각을 바로잡으면 감정도 조절할 수 있습니다.

부자들은 그 힘을 알고 있습니다. 그래서 자신이 어떤 생각을 품고 있는지 늘 관찰하고, 좋지 않은 생각은 차단하려고 노력합니다. 성공한 사람들이 긍정적인 사고를 강조하는 이유가 이 때문입니다. 이 같은 행동은 서로 비슷한 생각을 가진 사람들을 끌어당길 수밖에 없습니다.

그러나 알면서도 이를 실천하기는 사실 어렵습니다. '부정을 긍정으로 전환하는 것', 어떻게 해야 할까요?

바로 감사하는 습관을 갖는 것입니다.

"좋을 때보다 어려울 때 감사하는 마음이 정말 소중한 것 아닐까. 가진 것에 감사할 줄 모르면 신이 이마저도 다 가져갈지도 몰라."

부자가 더 부자가 되기 위해 노력하는 중요한 습관 중에 하나는 감사하는 마음을 유지하는 것입니다.

제일 좋은 방법은 '감사 일기'를 쓰는 것인데요. 하루 한 번 감사 일기를 쓰는 것이 좋은 이유는, 작은 것이라도 그날 감사했던 일을 끄집어내서 감사한 마음을 다시 체험하게 되기 때문입니다. 오늘은 무엇을 써 볼까 하는 생각을 습관화하면 주위에서 일어나는 좋은 일들을 발견하려고 노력하는 힘이 생기지요.

심리학자들은 감사하는 마음은 reset(재설정) 버튼을 누르는 것과 같은 효과가 있다고 설명합니다. 감사하는 마음이 뇌 좌측의 전두엽 피질을 활성화해 스트레스를 완화해 주고 행복감을 느끼게 해 준다고 하지요.

성공하는 사람이 왜 부정적인 말을 뱉지 않고 긍정적인 말을 더 강조하는지 십분 이해됩니다. 실제 이를 증명한 인물로 미국의 방송인 오프라 윈프리를 들 수 있습니다. 오프라 윈프리는 감사 일기를 10년 넘게 써 오면서 그 효과와 기적을 체험한 대표적인 인물로 알려져 있습니다. 그녀는 자신의 저서 《내가 확실히 아는 것들 What I Know for Sure》에서 이렇게 말합니다.

"항상 감사한 마음을 가지기는 쉽지 않다. 하지만 당신이 가장 덜 감사할 때가 바로 감사함이 가져다줄 선물을 가장 필요로 할 때다. 감사하게 되면 내가 처한 상황을 객관적으로 멀리서 바라보게 된다. 그뿐만 아니라 어떤 상황이라도 바꿀 수 있다. 감사한 마음을 가지면 당신의 주파수가 변하고 부정적 에너지가 긍정적 에너지로 바뀐다. 감사하는 것이야말로 당신의 일상을 바꿀 수 있는 가장 빠르고 쉬우며 강력한 방법이라고 나는 확신한다."

단 한 줄의 감사 일기를 쓰더라도 풍성하게 써 내려간다면 삶을 바라보는 시각 자체가 달라질 수 있습니다.

가난한 사람은
지시받은 일을 다 하느라
잡무가 많다.

부자는
잔가지를 쳐내고
중요한 한 가지 업무에 집중한다.

> ## 가난한 사람의 사고

"부장은 다른 직원들도 있는데 왜 나한테만 일을 시키는 거지? 성과를 내려면 당장 내 프로젝트부터 마무리해야 하는데. 상사가 시킨 걸 안 할 수도 없고……. 오늘도 야근이네."

행동 경제학자들에 따르면, 올바른 행동을 실천하면 누구나 언제 어디서든 이상적인 결과를 끌어낼 수 있다고 합니다. 이때 '올바른 행동'은 정해진 시간을 낭비하지 않고 주어진 업무를 정확하게 끝내는 것을 의미합니다.

물론 누구나 성과를 내고 싶어 합니다. 하지만 일을 시작하려고 하면 상사가 "자네, 이것 좀 확인해 보게" 하고 지시하거나, 다른 부서에서 전화가 와서는 "이 일은 어떻게 진행되고 있는지 파악해 주세요" 하고 요청이 들어옵니다.

거절하고 싶지만 어쩔 수 없이 시간을 들여 그 업무를 마무리하지요. 사회생활을 하는 사람이라면 누구나 경험해 봤을 것입니다.

그런데 간혹 나의 호의를 타인이 악용하는 것 같을 때가 있습니다. 한번 일을 도와줬더니 계속 도와 달라는 사람들입니다. 문제는 그다음입니다. '아니요'라는 말을 차마 꺼내지 못하는 것이죠. 사업가라고 다를까요. 고객의 요구를 들어주지 않으면 기회가 사라질 것 같아서 수락해 버리는 경우가 많습니다. 그러다 보면 어느새 '나'라는 사람은 없어지고 고객의 요구에 끌려다니게 됩니다.

상냥하고 마음씨 좋은 이 사람들은 결정적으로 'No'를 말할 줄 모릅니다. 그래서 얌체 같은 사람들의 먹잇감이 되기 쉽습니다.

반면에 부자가 되는 사람들은 부정적이거나 불필요하다고 생각하는 일, 시간 낭비라고 여겨지는 일에 대해 단호하게 "아니요"라고 말합니다. 이를 통해 자신이 목표한 방향에 맞게 업무를 선별하고 생산성을 높이는 데 집중합니다.

성과를 잘 내는 사람일수록 확실하게 선을 긋습니다. 만일 인정상, 거절하지 못하는 성격 때문에 다른 사람들의 요구에 "예"라고 대답한다면 가난한 상황을 벗어나기 어렵습니다.

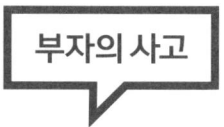

"시키는 대로 이것저것 다 하면 정작 중요한 걸 놓칠 거야. 성과

를 낼 수 있는 것부터 집중하자."

부자가 이런 결정을 하는 이유는 시간이라는 자원의 소중함을 알기 때문입니다. 미국의 백만장자들과 가난한 사람들의 습관을 비교 연구한 토머스 콜리의 저서 《리치 해빗Rich Habits》에 따르면, 부자는 다른 사람들로부터 다양한 지원이나 조언 등에 대한 요청을 받게 됩니다. 도움을 청하는 사람들에는 세 부류가 있는데요.

- 도움이 절실히 필요한 사람
- 습관적으로 도움을 요청하지만 고마워하지 않는 사람
- 도움에 기꺼이 감사해하고 보답할 기회를 찾는 사람

첫 번째는 실제로 불운한 환경에 처한 부류로, 부자는 이들에게 손익과 관계없이 흔쾌히 도움을 주려고 합니다.
두 번째는 자신의 필요만 아는 자기중심적인 부류이지요. 이기적이라고 볼 수 있는 이들은 다른 사람들에게 지속적으로 호의를 요구합니다. 그러나 정당한 대가를 지불하려 하지도 않고 고마워하지도 않습니다.
반면 세 번째 부류는 도움을 받으면 감사하게 생각하고 이를 보답할 기회를 찾아 도움을 주려고 합니다. 장기적으로 좋은 관계를 이어 갈 수 있는 사람들이지요.

우리가 피해야 하는 사람들은 두 번째 부류입니다. 그런데 처음에는 두 번째 부류와 세 번째 부류의 사람들을 구별하는 것이 쉽지 않습니다. 하지만 친절을 한 번, 두 번 베풀다 보면 그가 어느 쪽에 해당하는 사람인지 알게 됩니다. 두 번째 부류는 끊임없이 친절을 요구합니다. 그러다 자신의 요구를 거절하는 순간 바로 뒤돌아서서 아예 모른 척을 할 사람이지요. 'No'라고 말하는 습관이 필요한 이유입니다.

정말 중요한 사람들은 당신의 시간을 소중하게 여기고 당신의 호의에 감사할 줄 압니다. 그들이야말로 비즈니스에서도 성과로 이어지는 부류이지요. 반면, 자신의 이익만 챙기는 사람들은 당신의 시간과 노하우를 얻고도 고마워하지 않습니다. 이들에게까지 호의를 베풀 필요는 없습니다.

이 둘을 구분하는 방법은 거절을 하는 것입니다. 부자는 'No'라는 습관이 비용을 들이지 않고 이기적인 부류를 멀리할 수 있는 방법임을 알고 있습니다. 돈을 버는 사람, 성과를 내는 사람이 되고 싶다면 '아니요'라고 말하는 능력을 키워야 합니다. 사소한 일 같지만 매우 중요한 습관 아닐까요.

가난한 사람은
SNS에
지배당한다.

부자는
SNS를 목적에 맞게
적극 활용한다.

가난한 사람의 사고

"페이스북에 내가 올린 글, 반응이 어떤지 한번 확인해 볼까? '좋아요'가 이것밖에 없네……. 뭐야, 배터리도 없잖아. 어디 충전할 곳 없나?"

페이스북, 블로그, 트위터 등 SNS는 관심사가 비슷한 사람들을 연결하고 최신 트렌드와 소식을 전해 주는 고맙고 편리한 도구입니다. 그런데 SNS에 의존하는 정도가 지나치면 오히려 삶의 균형을 무너뜨리는 위험한 도구가 될 수도 있습니다. 혹시 다음과 같은 경험을 한 적이 있다면, SNS와 거리 두기가 필요한 때입니다.

- 친구의 게시물에 '좋아요'를 눌러야만 할 것 같다
- 카카오톡 등의 그룹 채팅방에 글을 올린 뒤 남들이 읽었는지 여부를 자꾸 확인한다
- 상대방에게 보낸 메시지에 답이 오지 않으면 신경이 쓰인다
- 상대방의 메시지에 답을 하지 못하면 죄책감을 느낀다

어느새 SNS는 우리 삶의 일부가 되었는데요. 스마트폰으로 친구가 올린 페이스북 글을 읽다 보면 건너건너 다른 사람의 글까지 읽게 됩니다. 그러는 사이 시간도 훌쩍 지나가지요.

물론 SNS는 장점도 있습니다. 원하는 정보를 빨리 얻을 수 있고, 접점이 없던 인간관계를 서로 연결해 준다는 것은 큰 강점입니다. 자신과 비슷한 처지의 사람이 올린 글을 발견하면 힘을 얻기도 합니다.

그러나 SNS에 과도하게 노출되면 자신의 인생에 불만을 느낄 확률도 큽니다. 가장 좋지 않은 영향은 바로 타인과 나의 삶을 비교하게 된다는 것입니다. SNS상에 자주 보이는 날씬한 모델의 모습, 상위 1% '슈퍼 리치'의 삶, 연예인의 화려한 일상 등을 자신의 처지와 비교하게 됩니다. 뿐만 아니라 나와 비슷하던 사람이 갑자기 나를 앞서가는 것 같을 때에도 좌절감을 느끼지요.

그러나 연예인도, 슈퍼 리치도, 심지어 나와 비슷한 사람도 SNS에 비치는 모습과 달리 각자 나름의 고민을 안고 살아갑니다. 그런 문제를 간과한 채 사람들은 눈에 보이는 것만 믿고 상대방과 나를 비교하면서 스스로 충격을 받는 것이지요.

이런 경험을 자주 한다면 며칠이나마 SNS를 멀리하는 것도 좋습니다. 블로그 미디어인 〈라이프해커Lifehacker〉는 최신 과학 연구를 인용했는데, SNS를 중단하는 것만으로도 행복감이 더 커진다고 밝혔습니다.

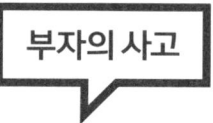

"SNS를 사용하지 않아도 만나야 할 사람은 모두 만나게 되어 있어. 내 생활에 지장을 준다면 안 쓰는 게 나아."

많은 사람들이 SNS가 없는 하루는 상상할 수 없다며 부자들도 SNS를 사용하지 않느냐고 반박합니다. 맞습니다. 그러나 부자의 SNS 활용 방식에는 다른 점이 있다는 것이 제 생각입니다. 예를 들면 부자들은 SNS를 이렇게 사용합니다.

- 친한 사람들에게 신속하게 연락하는 용도로 사용한다(예: "○○에서 만나자!")
- 타인에게 도움이 되는 정보를 제공한다
- 공감대를 형성하는 커뮤니티를 만든다

부자가 되는 사람은 자신의 시간을 효율적으로 사용하기 위해, 또는 자신의 네트워크와 정보력을 높은 수준으로 유지하기 위해 SNS를 사용합니다. 목적이 있어서 사용하는 것이지, 한가해서 SNS를 한다는 건 그들에게는 말이 안 되는 이야기입니다.

SNS로 연락하고 지내지 않아도 필요하면 연락을 하게 되어 있고, 인터넷상에서 만난 관계보다 얼굴을 맞대고 만나는 친구와의 관계가 마음을 더 풍요롭게 한다는 것을 알고 있지요. 무엇보다 그들은 시간의 소중함을 알고 있습니다.

SNS도 스마트폰도, 필요할 때와 그렇지 않을 때를 구분해 사용하는 사람이 부자입니다. 이런저런 이유로 매일 바쁘기만 하고 SNS를 통해 얻는 건 없는 것 같다면, 한동안 SNS와 거리를 두는 건 어떨까요. SNS 없이 사는 것을 상상할 수 없다면 스마트폰의 SNS 앱만 삭제해도 상당한 해방감을 느낄 수 있습니다.

가난한 사람은
말을 해 놓고
후회한다.

부자는
상대방이 대화에
참여하도록 만든다.

가난한 사람의 사고

(상대방: "제가 성격이 꼼꼼한 편이 아니에요. 그래서 덤벙거린다는 말을 자주 듣네요.")
"아, 그렇게 보이지 않습니다. 괜찮습니다."

비즈니스 현장에서 가장 중요하다고 할 수 있는 능력은 역시 커뮤니케이션(소통, 대화)의 기술입니다. 말하는 습관에서도 가난한 사람과 부자 간의 차이를 엿볼 수 있습니다.

소통에서 중요한 것은 서로의 공통점을 찾는 것입니다. 그런데 공통점을 찾지 못해 대화가 뚝뚝 끊기는 경우가 있죠. 앞의 대화에서 두 사람은 서로 다른 생각을 하고 있을 것입니다.

상대방은 '아, 괜히 말했다. 내가 정말 칠칠치 못하다고 생각할 거야', 나는 '저런 얘기 그만하고 일 얘기나 하지'라고 생각할지도 모릅니다. 대화의 흐름이 살짝 끊긴 듯한 모습입니다.

이 대화 때문은 아니지만, 비즈니스 결과가 좋지 않다면 두 사람은 또다시 이런 대화를 나누고 싶지는 않을 것입니다. 쓸데없는 말 한마디 때문에 원치 않는 결과를 초래했다고 자책하겠지요. 별

것 아니지만 사소한 불안이 더 큰 불안을 부르고, 대화에 점점 소극적으로 참여하는 악순환이 되풀이될 수 있습니다.

야스다 다다시의 저서《초일류 잡담력》에 따르면, 일본의 한 기관이 20~60대 일본 성인 남녀를 대상으로 조사한 결과 자신에게 의사소통 장애가 있다고 여기는 사람이 3명 중 1명 이상이라고 합니다. 특히 젊은 세대인 20대는 전체의 41%가 '그렇다'고 대답해 상대적으로 높은 비율을 기록했는데요.

재미있는 것은 연 수입 1,000만 엔, 우리 돈으로 1억 원 이상인 직장인 가운데 자신에게 의사소통 장애가 있다고 여기는 사람의 비중은 14.9%로 현저히 낮았다는 점입니다. 부자들은 스스로 대화에 노하우가 있다고 생각하는 셈입니다.

그러면 일을 하는 것 이상으로 부가가치를 창출하는 부자들의 커뮤니케이션에는 어떤 비결이 있을까요?

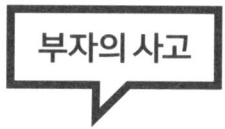

(상대방: "제가 좀 덤벙거리는 성격이에요.")

"괜찮아요. 너무 완벽하면 매력 없잖아요. 전 더 심한걸요. 요즘에는 잊었다는 사실조차 기억이 안 날 때가 있다니까요."

부자가 말하는 기술에는 두 가지 특징이 있습니다. '질문을 하는 것', 또 하나는 '친밀감을 만드는 것'입니다.

부자는 다른 사람들이 보기에 모든 걸 갖춘 사람, 완벽한 사람 같기 때문에 그런 이미지를 허물고 싶어 하는 경향이 있습니다. 돈이 많으면 많을수록 수더분하게 보이고 싶어 한다고 할까요.

또 자신을 드러내는 것은 중요하게 생각하지 않습니다. 상대방의 이야기를 들어 주고 공감하는 것을 더 좋아합니다.

예를 들면 상대방이 중국 여행이나 출장을 다녀왔다고 가정해 봅시다. 이 경우 부자는 "그러셨군요. 저도 몇 번 다녀왔어요"라고 하기보다 "정말요? 날씨는 어땠나요?", "뭐가 제일 좋던가요? 저는 5년 전에 가 봐서 지금은 어떤지 궁금하네요" 등 상대방이 여행담을 이야기하고 싶도록 질문을 유도하지요.

말보다 더 중요한 것은 리액션입니다. 부자는 상대방과 대화할 때 고개를 끄덕이고, 상대의 턱이나 눈에 시선을 맞추는 습관이 몸에 배어 있습니다. "음", "그래요?"라며 상대방이 하는 말을 따라 하는 사람도 있습니다.

　이처럼 상대방의 말이나 행동을 단순히 따라 하기만 해도 협상에 유리하다는 연구 결과도 있습니다. 상대방이 팔짱을 끼면 그와 똑같이 팔짱을 끼는 행동만으로도 신뢰를 얻을 수 있다는 것이지요.

　대화를 할 때 고개를 끄덕이는 사람이 있고 추임새를 넣는 사람이 있습니다. 상대방이 어떤 방식으로 리액션을 취하는지 살펴 그에 맞추려고 노력하면, 그는 더 많이 말하고 싶어질 것입니다. '내 이야기를 경청하고 있구나' 하고 느끼겠지요.

　친밀감을 구축하려면 이처럼 상대방을 관찰하면서 기분 좋은 대화를 만들어야 합니다. 부자는 짧은 시간에 상대와 친밀감을 형성하는 데 능숙한 사람들입니다. 친밀감을 만들어 상대방에게 호감을 사고, 결과적으로 인맥을 넓혀서 사업을 원활하게 진행하는 것도 이들에게는 어렵지 않습니다.

　커뮤니케이션은 일방통행으로 성립되지 않습니다. 상대방과 마주 보지 않고 자신이 말하는 데에만 신경 쓰면 그것은 상대를 무시한 일방적인 커뮤니케이션이 되어 버립니다. 부자와 그렇지 않은 사람의 차이는 상대방을 관찰할 수 있는가, 없는가에 있다고 볼 수 있습니다.

가난한 사람은
완벽을
추구한다.

부자는
속도를
추구한다.

가난한 사람의 사고

"아이디어는 정말 좋은데……. 논의를 좀 해 보고 진행하는 건 어떨까? 심사숙고해서 결정해도 늦지 않을 거야."

직장에서 동료나 선배들이 흥미로운 제안이나 사업 아이디어를 던지면 이런 반응을 보이는 사람들이 있습니다. 긍정적으로 검토하겠다는 얘기입니다. 사실 마음속으로는 매우 하고 싶을지도 모르지요.

하지만 이런 생각만으로 시간을 보내면 때는 늦습니다. 좋은 아이디어가 떠올랐거나 사업화할 아이디어가 생긴 그때가 적기입니다. 이번에는 결코 놓치고 싶지 않다면 일단 해야 합니다. 조금 기다려 보자는 말은 안 하겠다는 것이나 마찬가지입니다.

빨리 착수하면 좋다는 것을 알면서도 사업을 바로 시작하지 못하는 이유는 무엇일까요? 실수를 하나라도 줄이고 결점을 고쳐서 완벽한 수준이 되었을 때 시장에 선보이고 싶어서입니다.

하지만 스타트업이 투자를 유치할 때 기업가나 투자자들에게 가장 많이 듣는 질문도 "제품이 언제 출시될지 알 수 있나요?"입니다. 이에 대한 대답은 '지금'이어야 합니다.

실제 대부분의 비즈니스는 시장에 빠르게 진입했다가 다시 경쟁에서 밀리는 구조로 움직입니다. 기획안 100장의 완벽한 프로젝트보다 한 장짜리 기획안으로 바로 시작하는 시대입니다.

일부 기업가들은 사업 아이템이나 프로젝트를 시장에 선보이기 전 보다 완벽하게 만들기 위해 시기가 지연될 수 있다고 여깁니다. 하지만 중요한 것은 고객의 반응입니다. 프로젝트에서 발생하는 오류나 결점은 고객이 직접 체험하고 피드백을 주지 않으면 바로잡기 어렵습니다.

빌 게이츠는 MS워드를 처음 만들었을 당시 제품이 형편없었다고 스스로도 평가합니다. 그러나 그는 완벽보다 속도에 초점을 맞췄습니다. 일단 MS워드를 출시한 뒤에 부족한 부분을 신속하게 파악하고, 변경이 필요한 사항을 업데이트했습니다.

많은 사람들이 어떤 일을 시작할 때 망설이는 이유는 '그저 그러네', '기존 것과 별 차이가 없는데'와 같은 반응이 있을까 봐 두렵기 때문입니다. 뭔가를 시작한다면 왠지 독창적이어야 할 것 같고, 더 새로운 모습을 보여 줘야 한다고 생각합니다.

하지만 현재 성공한 수많은 기업가들의 첫 사업은 대부분 벤치

마킹에서 출발했습니다. 실제로 1997년 구글이 탄생했을 때, 야후와 알타비스타가 있는데 왜 검색엔진이 더 필요하냐는 회의적인 시각이 지배적이었습니다.

그러나 지금은 어떤가요? 인터넷으로 정보를 검색한다는 의미로 구글링googling이라는 유행어가 생길 만큼, 구글은 검색을 대표하는 웹 사이트가 되었습니다.

품질이나 완성도를 신경 쓰는 사람도 있을 것입니다. 그러나 시작도 하기 전에 프로젝트의 오류를 잡아내는 품질 검사를 하려고 들면 처음의 열정은 금세 사라질 것입니다. 한 부분을 교정했는데 두 번째 단계에서 또 문제가 발생할 것 같은 느낌이 반복된다면, 누가 그 사업에 뛰어들려고 할까요. 시작할 때의 그 열정과 에너지가 모두 분산되고 맙니다. 그렇게 해서는 좋은 결과를 기대하기도 어려울 것입니다.

"아이디어가 좋은데요? 제가 하겠습니다! 일단 시작하고 문제

가 생기면 바꿔 보죠."

부자가 되는 사람은 이 같은 사고방식을 가지고 있습니다. 즉, 동료나 선배들에게 좋은 이야기를 듣고 자신이 하고 싶다면 누구보다 빠른 속도로 일에 착수합니다. 직장에서 주어진 업무를 수행할 때도 이러한 습관은 그대로 성과에 반영됩니다.

일의 속도가 빠르다 하면 상사가 지시한 일을 빨리 완수하는 것이라고 생각할지도 모르겠네요. 물론 그렇기도 하지만, 무엇보다 일을 시작하는 타이밍이 빠르다는 의미입니다.

특히 당신이 기존 사업 분야에서 나와 새로운 일을 추진하려고 한다면 발 빠른 타이밍은 더욱 중요합니다.

경쟁이 치열한 기존 시장에서는 어떻게 해도 노력 대비 성과가 적습니다. 그러나 한 방에 역전할 수 있는 기회가 있습니다. 바로 '새로운 방식'이 도입될 때입니다.

기존 방식에 익숙한, 성공한 상위권은 좀처럼 새로운 방법을 찾으려 하지 않습니다. 그동안 해 온 방식으로도 잘해 왔으니 굳이 바꿀 필요가 없는 것이지요.

이때야말로 평범한 후발주자에게는 기회입니다. 새로운 방식이 도입되면 기존 방식에 익숙한 사람들은 적응하는 데 어려움을 겪습니다. 평범한 이들은 바로 이때 역전을 만들어 낼 수 있지요. 남들이 새로운 방식에 적응하지 못할 때 새로운 방식을 먼저 도입하고 진행하면서 성과를 내는 것입니다. 그때부터 상위권과 하위권의 개념은 사라집니다.

만일 자신이 상위권에 속하지 않는다고 생각한다면, 기존과 다른 새로운 방식을 찾아서 시도해 보는 건 어떨까요? 페이스북의 창업가이자 경영자인 마크 저커버그는 2014년 투자자에게 보내는 주주 서한에서 이렇게 말한 적이 있습니다.

"혁신이라고 하면 단지 좋은 아이디어를 가지고 있으면 된다고 생각하지만 세상은 더 빠르게 움직이고 있습니다. 사람들의 관심은 아이디어가 아니에요. 당신이 만들어 내는 결과죠. 무엇이 최고의 아이디어인지 언쟁하는 것보다 시작하는 게 중요합니다. 실행이 언쟁을 이깁니다."

가난한 사람은
정치 · 문화 기사에
흥분한다.

부자는
경제 기사와 데이터를
확인한다.

> ## 가난한 사람의 사고

"카카오톡이 그렇게 인기가 많았나? 하긴 나도 쓰고 있으니 '국민' 메신저네."
"박보검이랑 송중기가 같은 소속사였구나! 그렇게 친한 선후배인 줄은 몰랐네."

우리는 정보의 홍수 속에 살고 있습니다. 특히 인터넷에는 실시간으로 뉴스가 올라오는데요. 기사를 쓰다 보면 어떤 사안은 중요한데도 부각이 되지 않는다는 느낌이 들 때가 있습니다. 반대로, 별로 중요하지 않은 연예나 스포츠, 각종 가십 등은 하루 종일 이슈가 되기도 합니다.

이런 현상을 보면 확실히 우리는 감정의 영향을 많이 받는 것 같습니다. 기사의 제목이 어떤 문장이냐에 따라 클릭 여부가 종종 결정되지요. 이런 모습들이 지금의 미디어 트렌드를 형성하고 있다고 보는 것이 맞을 겁니다.

그런데 트렌드와 별개로 부자와 보통 사람들이 뉴스를 보는 시각을 살펴보면 약간의 차이가 있습니다. 대부분의 사람들은 정치·스포츠 관련 이슈에 관심이 많습니다. 클릭 빈도수만 해도 그렇지요. 40대 이상 남성들의 경우 여기에 댓글 참여도 활발한 편입니다. 한편 여성들은 주로 문화·연예 이야기를 많이 나누지요.

그리고 이런 뉴스들은 성별에 상관없이 네이버 또는 다음 등 포털 사이트에서 제공하는 뉴스 카테고리를 통해 접하고 있을 겁니다. 클릭되는 기사를 조사해 보면 대부분 정치나 스포츠, 문화, 연예 분야라고 합니다.

흔히 연예인 관련 기사에 많이 사람들이 흥분합니다. 'A 양과 C 군이 연애한다', '둘이서 음반을 낸다' 같은 소식이 들리면 '연애', '음반', '노래는 좋을까?'로 머릿속이 가득해집니다.

연예인의 음식 광고를 다룬 기사에는 "저 제품, 꽤 괜찮다던데" 하는 식의 댓글들이 달립니다. 또한 많은 웹 사이트에는 연예인들의 사진과 함께 광고 중인 인테리어 업체가 눈에 띄지요. 그러면 솔깃해서 한번 클릭해 보곤 합니다.

연예인만 관심의 대상인 것은 아닙니다. 이재용 삼성전자 부회장이 2016년 말 국회 청문회에서 입술에 립밤을 바르는 모습이 포착되었는데요. 그러자 다음 날 바로 '이재용 립밤'이라는 검색어가 올라오더군요. 아니나 다를까 이와 관련한 기사는 '가장 많이 클릭한 기사' 상위에 랭크되어 있었습니다. 연예인과 재벌이 무엇을 어떻게 사용하는지에 관심이 많은 것입니다.

이처럼 우연히 가십에 오른 경우도 있지만 제품 홍보를 위해 기사를 활용하는 경우도 적지 않습니다. 즉, 사람들의 관심을 끌어 제품을 알리는 것입니다. 언론사에 보도 자료 형식으로 제품 정보를 뿌리면, 기자들이 자료를 인용하거나 인터뷰를 한 뒤 기사를 써 주는 것이지요. 그리고 이러한 홍보 채널은 전통적인 미디어뿐 아니라 1인 미디어 또는 SNS 미디어로도 많이 확대되는 추세입니다. 이것이 요즘 트렌드입니다.

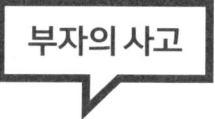

"카카오톡을 그렇게 많은 사람들이 쓴다고? 그럼 이 기업의 주식을 매수해 볼까."
"유재석이 소속사를 옮겼으면 관련 주가에 영향이 있겠는걸."

부자들은 뉴스를 볼 때 현상 이면에 숨어 있는 경제적 이득을 살펴봅니다. 물론 전체적인 흐름을 살펴봅니다. 워렌 버핏은 일간지 2~3개를 꼭 챙겨 본다고 하지요. 일간지 하나를 정독하면 웬만한 책 한 권의 분량을 읽는 것과 같다고 합니다. 지식이 총집합되어 있는 셈이지요.

우선 부자들이 뉴스를 볼 때 가장 다른 점은 흥분하지 않는다는 것입니다. 그들은 기사에서 다룬 정보가 과장된 것 같거나 글의 뉘앙스가 호의적이라면, 이것이 기업체에서 광고를 위해 내보낸 자료인지 기자가 직접 쓴 자료인지 살펴봅니다. 사업을 했던 이들이라면 광고를 어떻게 해야 하는지 잘 알기 때문에 기사를 보면 쉽게 파악할 수 있습니다.

이들은 경제면에서도 군더더기 없는 데이터만 보여 주는 기사를 꼼꼼히 챙겨 보는 편입니다. 금융 정보를 해석할 수 있는 능력을 이미 갖추고 있기 때문이지요.

흔히 기자들은 가계 부채나 환율 등 민감한 사안의 경우 제목을 자극적으로 붙이거나 반대로 일부러 무난하게 붙이기도 합니다. 따라서 '경제난이 심각하다'라는 제목의 기사가 쏟아져 나온다 해도, 부자들은 실제 바깥에서 일어나고 있는 일들을 알기 때문에 크게 동요하지 않습니다.

오히려 부자는 다른 사람들이 놓치는 작은 광고나 유행 관련 아이템을 잘 살펴봅니다. 트렌드를 가장 빨리 반영하는 섹션은 문화와 공연 분야라고 말하는 사람들도 있습니다. 경제란 사람의 감정에 따라 움직이기 때문에, 반 발짝 앞서 있는 문화 면에서 그 트렌드를 찾을 수 있다는 것이지요.

여기서 그치지 않고 실제로 돈이 되는 힌트를 얻었다는 기업체 대표도 있습니다. 최근 시끄러운 정치 문제로 서울 광화문 광장 집회에 모인 국민들만 수백만 명이라고 하지요. 그런데 이 대표는 이번에 음·식료 기업에 투자했다고 합니다. 집회의 영향으로 광화문 주변 편의점들의 물건이 동났다는 뉴스를 보고 실적이 생각났다고요.

부자가 되는 사람들은 어떤 아이템이 잘될 것 같다면 주식 정보를 체크해 보고 괜찮다면 투자도 합니다. 정보를 돈으로 바꾸는 습관은 이런 것 아닐까요.

가난한 사람은
모임에 가서
명함을 최대한 많이 돌린다.

부자는
5명과의 관계를
소중히 한다.

가난한 사람의 사고

"부자가 되려면 부자 옆에 줄을 서라고 했지? 모처럼 모임에 나왔는데 인맥을 많이 쌓아야겠다. 명함도 두둑이 가져왔으니 오늘 다 돌려야지. 저 사람이 부잣집 아들이라던데 친해 두면 뭐든 도움이 될 거야."

'이 사람과 함께 일을 하면 분명 좋은 일이 생길 것 같다', '이 사람이라면 뭔가 해낼 것 같다' 하는 느낌이 들 때가 있습니다. 성공한 사람도 행복한 사람도 그에 어울리는 분위기가 있습니다. 옆에 있으면 실제로 좋은 점을 보고 배울 수 있는 멘토와 같은 사람들이 있지요.

멘토를 만나는 것은 부자가 되는 데 매우 중요한 요소입니다. '부자가 되려면 부자에게 점심을 사라', '성공하고 싶으면 성공한 사람 옆에 있어라' 하는 말이 있는 것도 그런 이유일 겁니다.

그렇다고 무조건 부자와 인맥을 구축하기 위해 모임에 참석하거나, 인맥을 넓히기 위한 방편으로 세미나 등에 참석한다면 오히려 실망만 클 것입니다. 30대 중반의 창업가 B 씨는 창업 초기에 선배로부터 인맥을 넓혀야 한다는 충고를 듣고 기업가 모임에 자주 나갔습니다. 비슷한 또래의 젊은 기업가들이 자주 만나는 자리였지요.

그런데 이 모임에 두 번 정도 참석한 B 씨는 그만 나가기로 결심했습니다. 현장에서 명함을 교환하고 여러 사람들과 대화를 나눴지만, 통성명하며 누가 무슨 기업을 운영하는지 정도만 알게 될 뿐 특별히 친해지거나 비즈니스 기회로 연결된 사람은 없었던 것입니다.

결혼을 생각할 무렵, 사람들은 비슷한 또래를 연결해 주는 모임이나 행사에 나가기도 합니다. 이런 모임은 변호사나, 의사 등 연 1억 원 이상 고소득자를 대상으로 열리는 경우가 많은데요.

이곳에 참석하는 이들은 진짜 부자가 되기 위해 자기 삶을 한 단계 업그레이드하려는 마음을 품고 있는 경우가 많습니다. 하지만 사람들을 만나면서 씀씀이만 커질 뿐 큰 이득이 없었다고 이야기하는 이들이 많습니다. 그런 모임에 참석하면 마치 부자가 된 것 같지만, 그룹 내 멤버로서 알고 지낼 뿐 헤어지면 또 만나지는 않는다는 것입니다.

물론 어디서든 내가 배울 수 있는 상대를 만나고 꾸준히 관계를 이어 간다면 도움이 될 것입니다. 그러나 구체적인 목표 없이 일단 인맥을 넓히고 부자와 친해지고 싶다는 애매한 생각이라면, 그들과 만나서 접점을 찾기는 더 어려워질 것입니다. 처음에는 외향적인 성격과 유쾌한 말솜씨로 사람들의 호감을 살 수는 있지만 시간이 지날수록 본연의 성격이 드러나니까요.

투자라고 보면 한마디로 이런 인간관계는 '투기거래'와 같은 셈입니다. 처음에는 최고의 수익을 올리는 것처럼 보여도 지속적으로 관계를 형성하기는 어렵습니다.

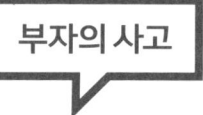

"아는 사람이 많다고 모두 내 인맥이 되는 건 결코 아니야. 나를 잘 아는 사람이야말로 기회를 가져다주거나 좋은 사람을 소개해 주기도 해. 어설프게 많이 아는 것은 나에게 맞지 않아."

반면, 부자는 인간관계의 소중함을 누구보다 잘 알고 있습니다. 따라서 상대방과 무리하게 친해지려고 부담을 주지 않습니다. 일할 때에도 네트워크를 쌓아 나갈 때에도, 장기적인 호흡으로 천천히 긴 시간을 두고 유지하는 것이 이들의 특징입니다. 짧고 굵은 만남보다 가늘고 긴, 담백한 만남을 좋아합니다.

간혹 자산가나 대표들끼리 만나면 서로의 젊은 시절을 이야기할 때가 있습니다. 심지어 대학교 동창을 10년 만에 만나도 아무렇지 않게 예전처럼 허물없이 이야기할 수 있는 사이가 많습니다. 말이 없어도 어색한 분위기는 찾아볼 수 없지요.

와인이 시간과 역사를 거치면서 맛과 향을 더하듯 인맥도 시간이 더해질수록 그 가치가 올라갑니다. 부자가 '명함이 필요 없는 인간관계가 진짜'라고 말하는 것도 이 때문입니다.

실제로도 우리는 직접 명함을 교환한 사람보다 자신이 잘 아는 사람으로부터 소개받은 이를 더 신뢰하는 경향이 있습니다. 내가 스스로 홍보할 때와 다른 사람이 나를 누군가에게 소개해 줄 때, 둘 중 어느 경우에 더 믿음이 갈까요? 당연히 후자입니다.

앞으로는 한곳에 머물지 않고 직업을 여러 차례 바꾸며 일하는 시대가 올 것입니다. 이런 때일수록 명함이 필요 없는 네트워크를 단단하게 구축한 사람이 부자가 될 것입니다. 즉, 명함을 많이 돌려서 얕고 넓은 네트워크를 만들기보다는 내가 배우고 싶은 사람, 함께 있으면 즐거운 사람과의 관계를 소중히 하는 것, 바로 내 옆의 5명과 좋은 관계를 유지하는 것이 그 비결입니다.

5명에게는 또 다른 5명의 핵심 인맥이 있을 겁니다. 이들로부터 한 사람씩만 소개를 받아도 5×5=25명의 좋은 인맥을 구축할 수 있습니다. 서로 도움이 필요할 때 기꺼이 도움을 줄 수 있는 사람과 함께한다면 역경 따위는 쉽게 극복할 수 있습니다. 기꺼이 돕고 감사해하는 관계를 꾸준히 유지하는 것이 바로 부자의 인맥 관리 습관입니다.

가난한 사람은
머릿속에
저장해 둔다.

부자는
메모를 하면서
머리를 비운다.

> ## 가난한 사람의 사고

"아, 공부 중이었는데 그새 스마트폰을 만지고 있네. 잠깐, 오늘 친구랑 약속이 몇 시더라? …… 우선은 공부에 집중하자."

이런 경험, 있지 않나요? 인간의 능력에는 한계가 있습니다. 신체 능력도 그렇지만 두뇌 역시 마찬가지입니다. 컴퓨터도 평소에는 멀쩡하게 돌아가다가 여러 프로그램을 동시에 실행하면 '웅' 소리가 나면서 속도가 더뎌집니다. 컴퓨터의 메모리가 부족해져서 움직임이 둔해지는 것입니다.

사람의 경우는 어떨까요? 인간의 두뇌는 컴퓨터의 메모리에 해당할 것입니다. 머릿속에 정보가 쌓이기 시작하면 둔해지고 효율이 떨어집니다. 일의 지연은 물론, 실수도 종종 일어납니다.

예를 들어 이번 주에 세금 고지서를 받았다면 이달 내에 세금을 내야겠다고 마음먹습니다. 그러면 머릿속에는 처리해야 할 일 하나가 생기지요. 하지만 그날의 다른 업무를 하는 사이 여러 이야기가 겹치고, 시간이 흐르면 금세 잊어버립니다. 그러다 다음 날 '아, 세금 못 냈다! 오늘은 꼭 내야지' 하면서 머릿속에 숙제를 쌓아 올립니다. 노폐물이 뇌에 축적되는 느낌이랄까요.

심지어 우리가 별것 아닌데 고민한다고 여기는 그 '별것 아닌 일들' 때문에도 우리의 뇌는 점점 과부하에 걸립니다. '아침에 어떤 옷을 입고 나갈까', '요즘 같은 날씨에 구두를 신으면 추워 보일까'라는 사소한 고민을 할 때에도 뇌는 일을 하고 있는 것입니다.

그래서 성공한 사람은 뇌의 컨디션을 최적화하려고 노력합니다. 목표 달성을 위해서이지요.

예를 들면 아인슈타인은 상대성이론을 확립한 천재 물리학자였지만 일반적인 수학 계산은 서툴렀다고 합니다. 마크 저커버그는 늘 회색 티셔츠에 청바지 차림만 고집합니다. 작은 일이라도 쓸데없는 데에는 신경을 쓰고 싶지 않다는 그의 신념을 반영한 것입니다. 목표 달성을 위해 최적의 컨디션을 유지하려는 무의식적·의식적 노력이지요.

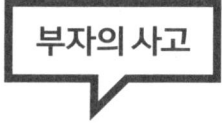

"이것저것 다 머릿속에 집어넣으려고 하면 아무것도 못 해. 좋은

정보가 드나들 수 있는 공간을 만들어 줘야 해. 메모는 머릿속 부담을 덜어 주는 최고의 도구지."

일상생활에서 두뇌의 컨디션을 개선하기 위해 할 수 있는 일은 바로 메모입니다. 메모는 중요한 정보를 기억하기 위한 것이라고 생각할 수 있지만, 그와 동시에 뇌의 부담을 덜어 주기 위한 도구라는 설명이 오히려 적절해 보입니다.

메모를 하지 않으면 정보를 머릿속에 계속 남겨 둔 채 기억하려고 애를 써야 합니다. 언젠가 해야 하는 숙제를 머릿속에 저장해 놓는 것이지요. 하지만 메모를 해 두면 잊어도 그만입니다. 물론 메모까지 잃어버리면 안 되겠지만요.

메모의 장점은 이 밖에도 많습니다. 실수를 방지할 수도 있고, 기록한 내용을 바탕으로 해서 회의 등에서 자신의 의견을 어필할 수도 있지요.

그런데 필사적으로 메모하다가 오히려 중요한 것을 놓치는 사람이 간혹 있습니다. 혹은 너무 자유롭게 메모한 나머지 나중에 살펴보면 무슨 내용을 쓴 것인지 알 수 없는 경우도 발생합니다. 이를 대비해 효율적인 메모를 위한 3가지 팁을 소개합니다.

1. 스마트폰보다 종이를 사용

부자는 종이에 메모하는 사람들이 많습니다. 스마트폰이나 태블릿을 사용하는 경우도 있긴 하지만, 저 역시 결국 손으로 쓰는 방식으로 되돌아왔습니다. 직접 써야 기억에 남고 생각도 확장됩니다. 또 수식이나 그림을 그리는 것이 좀 더 자유롭습니다. 메모광인 이상규 네오스마트펜 대표는 이렇게 말합니다.

"스마트폰에 메모하면 기억의 영역은 그 화면에 그치지만, 종이에 메모하면 머릿속에 보이는 영역이 그 종이만큼 확장됩니다."

2. 종이 한 장에 메모 하나

메모를 할 때에는 메모지 하나에 메시지 하나가 원칙입니다. 이렇게 하면 나중에 쉽게 찾을 수 있습니다. 종이 한 장에 여러 메시지가 겹쳐 있으면 또다시 곤란한 상황을 겪게 될 수 있습니다.

기존 메모지에 여백이 있어도 신경 쓰지 말고 다음 페이지에 새로 쓰는 게 좋습니다. 메모는 효율성을 중시하는 것이니 아깝다는 생각은 하지 않는 편이 좋습니다.

3. 5W 1H 원칙을 통해 손쉽게 요점 파악

회의나 프레젠테이션 내용을 메모할 때 기억해야 할 것은 자신이 속기사가 아니라는 사실입니다. 핵심만 요약하면 됩니다.

　사실 회의나 프레젠테이션에서 건질 수 있는 핵심은 많지 않습니다. 요점은 두세 가지로 정리되며 그 밖에는 예시와 통계가 대부분입니다.

　따라서 무엇이 중요하고 그렇지 않은지를 파악하면서 메모를 해 두면 됩니다. 크게 5W(누가, 언제, 어디서, 무엇을, 왜) 1H(어떻게) 항목에 따른다면 무리 없이 메모할 수 있습니다.

지금부터 실천할 수 있는 부자의 업무 습관

•

취업 포털 잡코리아에서 2016년 직장인들을 대상으로 주요 키워드를 조사했는데 '회사 각'이라는 유행어가 있더군요. 직장에서 벗어나지 못하는 상황을 표현한 것입니다.

오랜 시간 근무하는 것을 좋아하는 사람은 없을 겁니다. 그래서 돈과 시간으로부터 자유로운 부자가 되고 싶어 하지요. 지금 그 자리에서 시도할 수 있는 방법이 있지 않을까요? 분주히 돌아다녀 보십시오. 의자에 진득하게 앉아 있기만 하면 성과 저하는 물론 피로도만 증가할 것입니다.

"그걸 누가 모르나요? 이런 일상적인 업무 환경을 바꿀 수는 없잖아요"라고 얘기하는 사람이 있을 겁니다. 하지만 장시간 컴퓨터 앞에서 근무하는 것은 업무 성과 측면에서 효율을 떨어뜨리고, 건강 악화와 함께 수명까지 단축시킬 수 있습니다. 이는 운동을 한다고 해도 극복할 수 없는 문제입니다.

실제로 미국의 한 연구에서는 장시간 앉아 있으면 암, 심혈관계

질환, 당뇨병에 걸릴 위험이 높아질 뿐 아니라 수명도 줄어들 수 있다고 지적합니다. 이 같은 위험은 정기적으로 운동을 한다 해도 크게 줄진 않는다고 합니다. 오죽하면 서서 일하는 책상인 '스탠딩 데스크'가 등장해 화제가 되기도 했지요.

오랫동안 일하는 것이 업무 성과와 반비례 관계에 있다는 사실도 밝혀지고 있습니다. 사람의 집중력은 우리가 생각하는 것만큼 오래 지속되지 않습니다.

직원의 노동시간과 생산성을 추적할 수 있는 소프트웨어인 데스크타임Desktime에 따르면, 기업 내에서 생산성이 상위 1%인 직원들은 1시간에 1회 휴식을 취하는 것으로 나타났습니다. 구체적으로는 52분 일하고 17분 휴식을 취합니다. 이 가운데 가장 생산성이 높은 직원은 하루에 8시간도 채 일하지 않는 것으로 나타났습니다.

결국 효율적인 방식은 오랫동안 일하는 것이 아니라 자주 휴식을 취하고 현명하게 일하는 것입니다. 생산성이 높은 이들은 비교적 짧은 노동시간에 최대한의 일을 합니다. 짧은 시간이지만 몰입하기 때문에 가능한 것입니다.

사실 컴퓨터는 유혹투성이입니다. 어떤 사람은 일부러 뉴스나 메일, 그 밖의 복잡한 정보는 차단한다고 이야기합니다. 대신 가볍게 인스타그램이나 페이스북을 살펴본다는 것이지요. 그러나 이는 피곤해지는 지름길입니다. 몸은 쉬는 것 같지만 뇌는 여전히 휴식 상태에 들어가지 않았기 때문입니다.

이렇게 우리는 업무와 관계없이도 차례차례 업무의 연속선상에 놓이게 됩니다. 피로는 전혀 회복되지 않고 다시 업무에 몰입하려 해도 전혀 집중이 되지 않을 겁니다.

업무에서 성과를 내고 싶다면, 비즈니스 기회를 잡고 싶다면, 제대로 휴식하는 것이 중요합니다. 일시적으로는 불안하게 느낄 수 있지만 장기적으로는 그것이 가장 현명한 업무 방식입니다. 마라톤 같은 업무 방식을 단거리 경주로 바꿔야 합니다. 쉴 때는 확실히 쉬고 달릴 때는 전속력으로 달리는 것입니다.

참고 자료
1. Jocelyn K. Glei 편 《Manage Your Day-to-Day: Build Your Routine, Find Your Focus, and Sharpen Your Creative Mind》, Amazon Publishing
2. 'Even for the active, a long sit shortens life and erodes health'
3. 'DeskTime'
4. 'The Rule of 52 and 17: It's Random, But it Ups your Productivity'

제4장

부자의 재테크 습관

돈은 돈의 씨앗이다.
- 장 자크 루소 Jean Jacques Rousseau

POORMAN
VS
RICHMAN

가난한 사람은
계좌를 하나로
통일한다.

부자는
목적에 맞게
계좌를 분리한다.

가난한 사람의 사고

"월급은 계속 들어오는데 왜 돈이 안 모일까? 저축하려고 하면 늘 돈이 바닥나 있네. 다음 달에는 꼭 저축해야지."

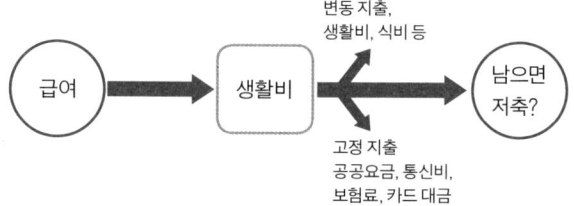

가난한 사람의 계좌 구조

* 계좌를 분리하지 않으면 월급이 들어와도 돈이 좀처럼 모이지 않는다

저축을 하겠다고 결심하지만 어느 순간 보면 '돈이 다 사라져버렸네' 하는 이들이 있습니다. 만약 당신이 여기에 해당된다면 일상생활과 행동에 점검이 필요합니다. 이대로 생활을 계속한다면 가난한 상황에 머무를 가능성이 크기 때문입니다.

돈을 저축하려고 하지만 그게 마음처럼 쉽지 않은 사람들, 이들에게 공통적으로 나타나는 특징 중 하나는 돈이 드나드는 흐름을 한눈에 파악하지 못한다는 사실입니다.

'수입 - 지출 = 저축'이라는 간단한 식은 이미 우리 모두 잘 알고 있습니다. 그럼에도 불구하고 저축을 하지 못하는 두 가지 요인은 씀씀이가 커서, 또는 돈을 저축하는 구조를 만들어 놓지 않아서입니다.

만일 저축을 하겠다고 마음먹은 상태라면, 두 요인 중 저축 구조를 만들지 못해서일 가능성이 큽니다. 돈이 쌓이는 시스템을 만들어 놓지 못한 것이지요.

이런 유형은 그들의 통장만 봐도 알 수 있습니다. 예금계좌에 월급이 들어오면 그 계좌에서 다시 돈을 인출하는 식입니다. 계좌를 분리하지 않고 한 계좌에서 모든 것을 해결합니다. 이렇게 되면 언제든 인출할 수 있다는 것이 가장 큰 문제입니다. 사정이 급하면 마음이 약해져 쉽게 인출하게 되고, 그 결과 통장 잔고가 바닥나는 상황이 반복되는 것이지요.

"돈이 들어왔네. 계좌를 분리하고 자동이체를 해야지."

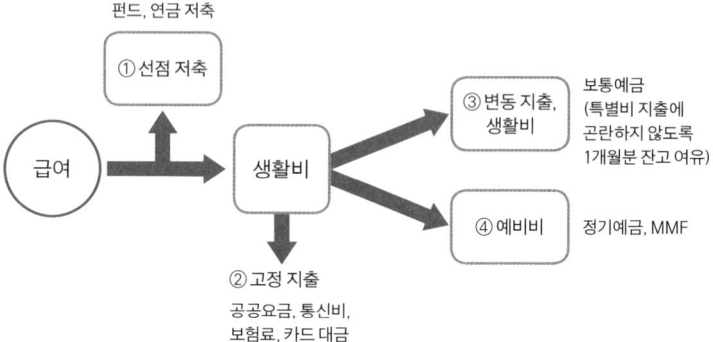

* 목적에 따라 계좌를 분리하면 돈이 모이는 구조를 만들 수 있다

 가계경제를 올바르게 관리하려면 은행 계좌를 한눈에 보기 쉽게 정리해야 합니다.

 흔히 부자라고 하면 통장을 수십 개씩 보유하고 있는 이미지를 떠올립니다. 굳이 은행 지점에 가서 통장 거래 내역을 반드시 확인하는 사람도 있지요. 그러나 요즘은 인터넷이나 모바일 뱅킹으로도 계좌를 개설할 수 있어서 몇 개를 만드느냐가 크게 중요하지는 않습니다.

 계좌의 개수는 돈의 흐름을 파악하기 좋은 정도이면 됩니다. 계좌를 분리하는 목적은 돈의 흐름과 양을 파악하여 관리하고 운용하는 데 도움을 얻기 위해서입니다.

기본 유형

메인 계좌	급여 입금, 생활비 지급
저축 계좌	매월 저축을 적립하기 위한 전용 계좌

이와 같이 2개의 계좌를 두는 것이 가장 간단한 유형입니다. 독신으로 저축액이 적은 이들에게 주로 해당됩니다. 메인 계좌에 급여가 입금되면, 저축 계좌에 저축 금액을 이체합니다.

저축 계좌를 만들 때 금리가 더 높은 상품을 찾겠다고 시간을 들이는 경우가 있는데 여기서 할 일은 돈의 흐름을 명확하게 하는 것입니다. 금리보다는 통장을 분리하는 데 초점을 맞추면 좋겠습니다.

유형 A: 돌발 지출 대비에 초점

메인 계좌	급여 입금, 생활비 지급, 기타 이체
예비비 계좌	매달 비상금 명목으로 5~10만 원 저축
저축 계좌	5년, 10년 단위 목표의 장기 저축

문제는 가끔 예상치 못한 지출이 나갈 때 생기는데요. 이때를 대비해 예비비를 확보해 두는 게 매우 중요합니다.

매달 5~10만 원을 남긴다 생각하고 이를 다른 계좌에 넣어 확보하는 것입니다. 돈이 필요해졌을 경우 예비비를 활용하면 생활이 급격히 어려워질 가능성도 낮고 예금을 깨지 않아도 되겠지요? 어떤 상황에서든 예비비 확보는 필수입니다. 예비비는 대개 월급 3개월분을 확보하면 무리가 없다고 봅니다.

유형 B: 지출 통제에 초점

메인 계좌	급여 입금, 생활비 지급
저축 계좌	매월 저축을 위한 적립(저축 전용 계좌)
고정 지출 계좌	카드, 대출, 공과금 등을 이체(인출 전용 계좌)

지출 통제에 신경을 쓰겠다면 계좌를 위와 같이 분리합니다. 신용카드나 대출 상환, 공공요금 등이 인출될 고정 지출 계좌를 만들어 두면 됩니다. 생활비까지 포함한 금액을 매월 급여 계좌에서 인출 전용 계좌로 옮겨 두면 지출을 관리하는 데 큰 도움을 받을 수 있습니다. 가계부 통장이 되는 셈입니다.

만일 유형 A와 B를 동시에 적용한다면 통장은 총 4개가 됩니다. 그러나 4개의 통장을 모두 사용할 필요는 없으며 자신에게 맞는 유형을 선택하면 됩니다.

복잡한 것 같지만 내용은 간단합니다. 기본적으로 급여 입금이나 일상적인 생활비를 위한 메인 계좌가 있으며, 저축 계좌가 단기·장기의 2개로 이루어져 있습니다. 여기에 저축액이 많아지면 금리 조건이 더 좋은 정기예금 계좌를 추가하고, 보다 공격적인 금융 투자를 위한 투자용 계좌를 추가하면 됩니다.

또한 아직은 먼 훗날 이야기 같은 장기 계획에 해당한다면 적립용 계좌를 개설하는 것도 추천합니다. 그러나 계좌 수가 너무 많으면 오히려 관리가 어려워질 수 있으니 적정 수준을 유지하는 게 좋습니다.

4개의 완성 계좌

메인 계좌	급여 입금, 생활비 지급
저축 계좌(단·장기)	노후·재산 형성을 위한 계좌(펀드, 연금 저축 등)
투자용 계좌	단기 목표를 위한 자금 마련 계좌(펀드, 저축 등)
생활비 계좌	식비·생활비 등 기타 변동 지출용 계좌

가난한 사람은
저금리를 핑계로
저축하지 않는다.

부자는
종잣돈을 모으기 위한 저축과
소액 투자를 병행한다.

가난한 사람의 사고

"돈을 굴릴 곳이 없는데……. 어디 요즘 돈 되는 곳이 있겠어? 마이너스 금리잖아. 수수료도 만만치 않고."

말로만 '돈을 많이 벌고 싶다', '부자가 되고 싶다' 한다고 해서 되는 일은 아무것도 없습니다. 뉴스를 보면, 재테크를 하고 싶어도 늘 발목을 붙잡는 것은 다름 아닌 '종잣돈'입니다. 아이디어가 있어서 사업을 시작하려고 해도 또 돈이 필요하지요.

종잣돈이라는 '허들'을 넘어 보셨는지요? 부자의 반열에 올라서려면 최소한 종잣돈 3,000만 원은 모아야 합니다.

인터넷의 보급과 새로운 서비스의 등장으로 사업을 운영하는 데 필요한 비용은 지난 10년간 큰 폭으로 떨어졌습니다. 단순히 사업을 시작하는 데에는 비용이 별로 들지 않기도 하고요. 사업자 등록에 드는 비용도 없고, 또 창업 지원 프로그램이나 공모전을 활용해도 되니까요.

하지만 1~2개월 안에 사업이 본격적인 궤도에 오르려면 홍보에 필요한 비용을 무시하기는 어렵습니다. 무엇보다 현상 유지를 넘어서 '희망적'이라고 생각하는 수준을 달성하기 전까지는 비용이 듭니다. 그래서 최소 3,000~5,000만 원의 자금은 있어야 합니다.

투자 역시 마찬가지입니다. 인터넷상에는 100만 원으로 수억 원을 벌었다는 전설적인 투자자의 이야기가 가십처럼 돌아다닙니다. 물론 몇백만 원으로 시작해 오랜 세월 노하우를 익혀 수백억대의 자산가가 된 사람도 있을 것입니다. 하지만 일단 금액이 적을수록 선택할 수 있는 투자 방법은 제한적입니다.

5,000만 원을 모으기가 쉽지는 않습니다. 그러나 어렵다고 해서 포기하는 사람이라면, 부자가 된다고 해서 어떤 문제가 터졌을 때 극복할 수 있을까요? 부자가 되는 것, 성공하는 것 모두 문제를 해결해 가는 과정입니다.

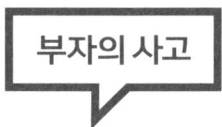

"돈을 굴리는 재테크는 돈이 모일 때부터 시작해도 늦지 않아. 처음에는 지출을 통제하고 스스로를 관리하는 습관을 만드는 게 제일이야. 그리고 인플레이션에 지지 않는 투자를 하면 돼. 소

액이지만 시간이라는 자원을 더하면 목돈 마련은 가능해."

시중에 나와 있는 재테크 정보는 종잣돈을 보유한 사람들을 위한 정보입니다. 자산의 30%는 해외에 투자하고 30%는 채권, 나머지 10%는 위험 자산에 투자하라는 포트폴리오는 100만 원을 운용하기 위한 재테크 정보가 아니라는 것이지요.

이는 1억 원, 또는 10억 원의 자산이 있다는 가정하에 만들어진 포트폴리오입니다. 사람들은 아직 돈을 모으지도 않았는데 금융기관이나 기업은 하나같이 모은 돈을 굴리는 법만 가르쳐 줍니다. 그들도 고객의 돈을 모아야 수수료를 받으니까요.

종잣돈을 마련하는 것은 어찌 보면 부자가 되기 위한 첫걸음이자 그 가능성을 시험하는 일일 수도 있습니다. '종잣돈도 없는데 무슨 재테크야' 하고 체념해 버리면 부자가 되기 어렵습니다.

10억 원, 100억 원을 굴리는 자산가들도 태어나면서부터 그 돈을 만졌던 사람은 별로 없습니다. 지금은 몇천만 원짜리 월세 투자를 하는 사람도 처음에는 종잣돈 1,000만 원으로 경매도 시도해 보고 사업도 시작했던 것입니다.

보통 사람들은 소득에서 세금, 연금, 보험료 등 즉 고정 지출을 제한 다음 나머지 돈을 어떻게 굴릴까를 고민합니다. 그러나 부자는 투자를 하기 위해 가능한 범위 내에서 최대한 많은 돈을 모읍니다.

부자들은 돈을 굴려야 한다고 생각하면 30평대 아파트에서 20평대로 이사를 가더라도 돈을 만듭니다. 자동차가 있으면 없애거나, 큰 차에서 작은 차로 옮겨 탑니다. 이들은 대출만 해도 이자가 더 적은 쪽으로 얼마든지 바꿀 수 있는데 왜 그런 건 알아보지 않느냐고 핀잔을 주기도 합니다.

저축 금액, 종잣돈은 부자가 될 수 있는 기반을 마련할 수 있느냐 없느냐를 판단하는 기준이 될 수 있습니다.

종잣돈을 마련했다면 부자는 소액이라도 투자에 도전합니다.

'1,000만 원이 필요하다'고 하면 우리는 실제로 1,000만 원을 준비하는 것을 생각합니다. 하지만 꼭 그렇지는 않습니다. 시간을 고려한 투자를 의식하면, 1,000만 원보다 덜 준비해도 됩니다. 시간만 있으면요.

10년 후에 1,000만 원을 마련한다고 가정하고, 매년 3% 증가를 가정합시다. 만일 오늘 740만 원을 그대로 은행에 넣어 둔다면 10년 후에 1,000만 원이 됩니다. 즉 260만 원이 부족해도 1,000만 원을 만들 수 있는 것입니다.

매월 적립하는 경우에도 시간의 가치는 빛납니다. 1,000만 원을 120회 분할(즉 10년)로 적립합니다. 단순히 나누면 매월 적립 금액은 약 8만 3,330원입니다. 그러나 앞서와 마찬가지로 연 3% 증가를 가정한다면 한 달 적립액은 7만 1,560원으로 낮아집니다. 그리고 이 적립액의 합계는 총 8,590만 원 정도입니다. 이 경우도 1,000만 원보다 약 140만 원 부족하지만 목표 금액에 도달합니다.

투자를 통해 연평균 3%의 수익을 얻는 것은 충분히 가능합니다. '똑같은 목표 금액'을 '적은 준비 금액'으로 실현할 수 있는 기회가 생기는 것입니다. 시간을 자산으로 두고 계획적으로 저축한다면, 투자는 미래를 안정적으로 지탱해 주는 힘이 될 수 있습니다.

관심이 있다면 온라인 증권 계좌를 개설해 보세요. 계좌 개설은 무료이며 유지 비용도 들지 않습니다. 투자신탁을 주로 취급하고 매월 정기적인 구매(적립·투신 등이라고 합니다)가 있는 곳을 추천합니다. 이때 매월 자동이체가 되도록 설정해 두는 것이 좋으며, 펀드는 우선 수수료가 저렴한 인덱스형 펀드나 상장지수펀드$_{ETF}$를 추천합니다.

단기로 돈을 벌려는 욕심은 금물입니다. 처음에는 자신에게 큰 지장이 없는 금액으로 심리적으로도 침착하게 투자할 수 있는 정도가 좋습니다. 지금은 주가가 추락해서 겁이 날 수도 있겠지만, 사실 주가에는 몇 년마다 변동이 있습니다. 적당한 마켓 타이밍은 없습니다. 장기적으로 본다면 소액 적립 투자가 답입니다. 그리고 자기 계발을 통해 나의 몸값을 올리는 데 매진하면 됩니다.

가난한 사람은
창구에서
금융 상품을 추천받는다.

부자는
스스로 공부해서
판단한다.

가난한 사람의 사고

"요즘은 어떤 상품이 괜찮지? 뮤추얼 펀드를 살까, 원자재 펀드를 살까? 조언 좀 들어야겠다."

증권사는 크게 지점이 있는 대면형 증권사와 비대면형 증권사로 구분할 수 있습니다. 많은 사람들이 펀드나 예금, 적금, 보험 등 자신의 돈을 불려 줄 상품으로 어떤 것이 좋을지 궁금해지면 은행이나 증권사를 찾아갑니다. 그리고 창구에서 "주식이나 뮤추얼 펀드, 원자재 펀드 중에 뭐가 나아요?" 하고 물어봅니다.

그러면 직원이 설명해주지요.

"요즘 VIP들은 주식형은 A로 하시고요. 은행보다 나은 금리를 원하시면 ELD나 ELS도 괜찮습니다."

고객은 고마워하며 상품 계약서에 사인을 합니다. 그리고 적극적인 투자를 했다고 생각하고 뿌듯해하지요.

투자 상품을 선택할 때 상담 창구에 있는 직원으로부터 조언을 들을 수는 있습니다. 그러나 정보만 참고할 뿐 계약은 하지 않는 것이 좋습니다. 투자에 관한 설명이나 조언은 PB는 물론, 전문가,

심지어 저의 말도 믿어서는 안 됩니다. 투자에 대한 결정은 전적으로 스스로 판단하는 것이 답입니다.

우리는 펀드를 선택할 때 은행이나 증권사를 통하지만, 그 돈은 은행이나 증권사가 굴리는 게 아닙니다. 운용사가 하지요. 바로 펀드매니저의 역할이 투자를 하는 것입니다. 자금을 받으면 그것을 어디에 투자할지 결정하고 이를 불리고 지키지요. 펀드매니저들은 종목을 추천할 시간도, 관리할 여력도 없습니다.

그러니 자신이 몇십억 원을 운용하고 있는데 어떤 종목이 좋다고 하는 사람의 이야기는 흘려듣는 것이 좋습니다. 그는 펀드매니저가 아니라는 얘기입니다.

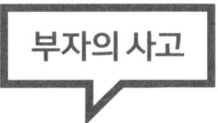

"수익률은 이미 과거에 나온 결과일 뿐이야. 인기가 많은 건 그만큼 돈이 몰렸기 때문이지, 미래를 보장할 수는 없어. 정보는 얻지만 판단은 내가 해."

증권사나 은행의 역할은 세일즈맨 또는 브로커와 같습니다. 명함이나 직함은 여러 개 있을지라도 실제로 하는 것은 금융 상품을 판매하는 일이며 그것으로 돈을 법니다. 고객에게 적합한 정보를 주기 위해 공부를 하긴 하지만, 투자나 시장에 대한 분석은 운용 매니저나 애널리스트 이상으로 깊다고는 할 수 없습니다. 물론 지식이 풍부한 이들도 있습니다. 그러나 이들도 투자 전문가라기보다는 투자 상품을 보는 눈이 있다고 해야 맞을 것입니다.

부자가 되는 사람은 이런 구조와 금융기관의 역할에 대해 잘 알고 있습니다. 따라서 증권사 PB에게 무엇을 물어봐야 정확한 대답을 얻을 수 있는지 압니다. 은행도 마찬가지이지요.

그래서 부자들이 질문하는 것은 수익률이 아니라 시장 상황과 상품 구조입니다. 한번은 부자들에게 이렇게 하는 이유를 직접 물어봤더니, '나보다 부자가 아니기 때문'이라는 대답이 돌아왔습니다. 즉, 부자가 되지 못한 사람의 판단을 믿을 수 있겠느냐는 것이지요. 투자는 전적으로 본인의 몫입니다.

대신 그들은 투자하기 전 상품 구조를 공부합니다. 강남 파이낸스센터 D 증권사의 PB 부장은 부자와 빈자의 투자에 대해 이렇게 말합니다.

"부자들은 투자하기 전에 스스로 납득할 수준이 될 때까지 모두 캐묻습니다. 그때는 정말 요구 사항이 많아 피곤하지요. 하지만 결정한 뒤에는 깔끔합니다. 이후에 수익률이 좋지 않아도 투자 근거가 있다면 크게 흔들리지 않습니다."

부자가 절대 잊지 않는 것은 수수료입니다. 수익을 추구하되 아낄 수 있는 것은 확실하게 아끼지요. 젊은 부자들은 상담은 오프라인으로 하되 금융 상품을 구매할 때에는 온라인으로 선택합니다. 예를 들어 같은 시장에 투자한 펀드인데도 수수료를 보면 다음과 같습니다.

A:

미래에셋 KOSPI 200 인덱스 증권 1호 '미래에셋 코스피 200 인덱스 펀드' 총보수 연 0.80%(판매: 0.45%, 운용: 0.30%, 수탁: 0.03%, 사무수탁: 0.02%, 선취 판매 수수료 없음)

B:

미래에셋 TIGER 200 증권 상장 지수 투자신탁(주식) '미래에셋 타이거 200 ETF' 총보수 연 0.05%(운용: 0.026%, 지정참가: 0.004%, 신탁: 0.01%, 일반 사무: 0.01%)

같은 코스피 200 지수를 추종하는 인덱스 펀드입니다. 운용사는 미래에셋과 미래에셋맵스입니다.

운용 전략은 같지만 판매 보수가 다릅니다. A의 경우 1,000만 원을 펀드에 넣으면 0.8%의 수수료가 매해 지불된다는 이야기입니다. 신탁 보수가 연간 자동으로 계산이 되는 것입니다.

운용 전략이 같아도 수수료에 차이가 나는 것은 인건비 때문입니다. 은행에서 변액 보험이나 저축성 보험을 추천하는 데 열을 올리는 이유도 수수료(사업비)가 있어서입니다.

모두 판매에 따른 대가입니다. 어쩔 수 없는 비용이라는 것쯤은 알지요. 하지만 내 돈이고, 투자에서 수익을 내고 싶다면 수수료는 당연히 아껴야 합니다.

수수료를 아끼기 위해서는 펀드슈퍼마켓을 이용하거나 증권사의 온라인 전용 상품을 고르면 됩니다. 은행 상품도 요즘엔 온라인으로 구매하는 것이 현명합니다.

가난한 사람은
주가 하락에
민감하다.

부자는
주가 하락에
둔감하다.

가난한 사람의 사고

(메시지: "딩동, ○○ 종목이 매수 체결되었습니다.")
"하루에도 몇 번씩 손에 일이 안 잡히네. 주가가 또 하락했어."

　모바일 증권 거래가 가능해지면서, 요즘 부쩍 직장 생활을 하면서 주식 매매를 병행하는 사람들이 늘고 있습니다. 점심시간이 되면 스마트폰으로 모바일 차트나 주식 방송을 봅니다. 단기 투자를 하는 사람들이 종종 돈을 벌었다는 얘기도 들리고, 한 번에 10% 수익을 올렸다는 사람도 있습니다.

　그런데 하루 5%씩 수익을 낸 개인 투자자는 과연 부자가 되었을까요? 글쎄요. 저는 부자가 스마트폰을 붙잡고 주식 투자를 한다는 얘기는 들어 본 적이 없습니다.

　우선 매매 횟수가 빈번해지면 수익률보다는 수수료 때문에 돈을 잃게 됩니다. 한화투자증권이 자사 고객 6만 명을 대상으로 평균 자산 대비 매매 금액인 회전율과 수익률 간의 상관관계를 분석한 결과, 회전율이 100% 이하인 그룹의 연 수익률은 7%였지만 회전율이 2,000% 이상인 그룹은 -18.4%였습니다. 같은 기간에 코스피 지수는 2.4%, 코스닥 지수는 25%나 올랐다는 점을 감안하면 잦은 매매가 수익률에 얼마나 부정적인 영향을 미치는지 알 수 있습니다.

한화투자증권은 수익률이 낮은 주요 원인으로, 주식 매매에 따른 수수료와 세금에 해당하는 거래 비용이 증가했기 때문이라고 설명했습니다. 예를 들어 증권사 수수료율이 0.015%이고 주식 거래 세율이 0.3%라면 총 비용 공제율은 0.315%입니다. 이때 총 주식 거래 금액이 1,000만 원이면 매매 비용은 3만 1,500원입니다. 10회 거래하면 수수료만 31만 5,000원입니다. 수익을 거두면 다행이지만 수익을 거두지 못하면 수수료만 내는 셈입니다.

행동 경제학자들은 이를 '근시안적 손실 회피 심리'라고 부릅니다. 장기적으로는 수익을 볼 수 있지만 단기적 손실을 참지 못해 일단 피한다는 것이지요. 리처드 탈러는 저서 《똑똑한 사람들의 멍청한 선택》에서 사람들이 자산의 포트폴리오를 더 자주 들여다볼수록 위험도 덜 감수하려 한다고 설명합니다.

실제 미국에서도 2008년 금융 위기로 S&P Standard & Poor's 500 지수가 곤두박질쳤다가 이후 3배 이상 뛰며 사상 최고치를 경신했지만, 그 기쁨을 누린 투자자는 많지 않았습니다. 정보를 너무 자주 접한 탓에 불안해서 매도해 버렸던 것입니다.

UCLA 앤더슨 경영대학원의 슐로모 베나치 교수는 〈월스트리트저널〉의 칼럼을 통해 이렇게 말합니다.

"S&P 500 지수를 얼마나 자주 모니터링하느냐에 따라 시장 상황은 다르게 읽힌다. 지수를 매일 확인하면, 주가가 하락할 가능성은 약 47%이다. 한 달에 한 번 확인하면, 주가가 하락할 가능성은 41%에 불과하다. 1년에 한 번 확인하면, S&P 500 지수는 10번 중 7번은 긍정적인 수익을 낸다. 10년에 한 번 확인하면, 나쁜 소식을 접할 확률은 15%밖에 되지 않는다."

돈을 벌려면 주식 정보를 멀리하라는 것이나 마찬가지입니다.

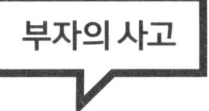

"자주 보면 불안해질 뿐이야. 나는 기업을 보고 투자를 하는 거지, 주식 거래를 하는 게 아니야. 6개월에 한 번 정도 기업에 대한 정보만 확인하면 돼."

부자들은 차트에 큰 관심이 없습니다. 심지어 증권 계좌의 비밀

번호를 잊어버렸다는 사람도 있습니다. 세세한 뉴스를 보는 것은 오히려 해가 된다는 것을 그들은 잘 알고 있습니다. 그래서 의식적으로 차단하는 습관을 만듭니다.

심지어 30년 넘게 투자를 해 온 B 운용사 대표는 책상에 HTS(홈트레이딩시스템)도 설치하지 않았습니다. 기업 가치를 보고 투자한다는 그 원칙을 그대로 가져가는 것입니다. 불필요한 차트나 뉴스와 같은 피드백으로 방해받지 않는 것이 수익률 제고에 도움이 된다는 것이지요.

사실 투자 경력이 20년 이상인 투자자들도 주식을 언제 사고파는 게 좋을지 알아내는 것은 불가능하다고 입을 모읍니다. 불확실성도 많고, 시장 참가자가 많아질수록 그 컨센서스$_{consensus}$(전망)를 한데 모으는 것이 어렵기 때문이지요.

주가나 차트보다 기업의 내용을 보고 장기 투자를 하는 것도 이 때문입니다. 중장기적으로 성장할 여지가 있다고 생각하는 기업에 투자하면, 단기적인 시세에 쫓기지 않아도 됩니다.

특히 직장인들에게 빈번한 매매를 추천하지 않는 이유는 무엇보다 시간 때문입니다. 전업 투자자가 아니라면, 뉴스를 확인하고 애널리스트의 보고서를 읽는 데 들이는 시간만큼 본업에 써야 할 시간은 줄어듭니다. 차라리 투자는 전문가에게 맡기고 그 시간에 자신의 역량을 키우는 편이 낫습니다.

  그래도 주식시장에 관한 정보를 확인하고 싶다면, 스마트폰에 주식 앱을 설치하되 주식 시세 업데이트는 받지 않는 게 좋을 것입니다. 그러면 불필요한 걱정 때문에 큰 희생이 따를지도 모르는 투자 실수를 예방할 수 있습니다.

가난한 사람은
투자 결과에만
관심을 가진다.

부자는
투자 과정에서
자신만의 노하우를 쌓는다.

> **가난한 사람의 사고**

"어떤 종목을 사면 돈을 벌 수 있을까? 그때 사 뒀어야 했는데, 아깝다. 다시 주식을 사야 할 때인가 봐. 그래, 이번엔 기회일지도 몰라! 감이 와."

부동산이든 주식이든, 두 종류의 투자자가 있습니다. '이기는 투자자'와 '지는 투자자'입니다. 많은 사람들은 시장이 좋지 않을 때에는 별로 눈길을 주지 않다가 분위기가 좋아지는 것 같으면 그에 휩쓸려 버리지요.

하지만 이런 가운데서도 부자들은 꿋꿋하게 돈을 지키고 두 자릿수의 수익을 냅니다. 시장에서는 이들을 가리켜 이기는 투자자라고 합니다. 자산 가치의 등락에 관계없이 늘 비슷한 비율로 수익을 내는 투자자입니다. 그들의 비결은 무엇일까요? 처음부터 수익을 내기 시작했던 걸까요?

책이나 시장에서 언급하는 전설적인 투자자들을 보면, 대부분 처음부터 화려한 수익을 기록하지는 않았습니다. 중간에 커다란 실패를 경험하고 그 후에 큰 성공을 거둔 경우가 많습니다. 처음부터 승자였던 것이 아니라, 지는 투자에서 시작했다가 어느 시점부터 승자가 되어 가는 것이지요.

손실이 이어지고 있는 상태에서, 이기는 투자자들은 그 이유를 파악하고 이를 개선하려고 노력합니다. 그러나 보통의 투자자들은 '지고 있다'는 사실 자체에 집착합니다. 손실이 계속 나고 있는데도 불구하고, 자신의 투자를 뒤돌아보며 마이너스가 발생하는 이유를 조사하는 경우는 거의 없습니다. 단지 종목의 문제나 시장의 변동성 등을 이유로 듭니다. 처음 내렸던 판단에 오류가 없었는지 등 투자에 대한 점검은 시도조차 하지 않는 것이지요.

많은 사람들이 복습하고 오답을 정리하는 과정을 귀찮아합니다. 노력은 하지 않으면서 돈을 벌고 싶다는 본능에만 충실한 채 투자금을 붓습니다. 지금껏 손해를 봐 왔는데도 그 상태 그대로 투자를 계속하면서 큰 이익을 기대하는 것입니다.

모든 투자자가 처음부터 이익을 낼 수는 없습니다. 물론 초보자가 운 좋게 큰 이익을 거둘 수 있습니다. 하지만 그 이유를 알지 못하면 이내 손실을 기록하게 됩니다. 많은 투자자들이 이런 굴곡을 경험합니다. 지는 투자자들은 자신이 지고 있는 이유를 알지 못한다는 점이 실패의 가장 큰 요인입니다. 이는 부동산, 파생 상품 등 어떤 시장에서도 마찬가지입니다.

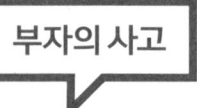

"트렌드도 중요하지만 결국 기초 여건이 좋아야 해. 모르는 대상에 투자하는 건 위험해. 내가 잘 아는 분야에서 시도해 볼까?"

투자자들이 손해를 보는 이유는 단적으로 시장과 대상에 대한 무지, 위험 관리 능력 부족 때문입니다. 반면, 부자들은 지는 이유를 알고 나면 그것을 보완하고 시행하고 또 개선해 나갑니다. 이 과정만으로도 투자 경험이 쌓일 때마다 손실은 줄어들 수밖에 없습니다.

어떤 펀드나 종목, 부동산이 돈이 되는지를 남에게 물을 것이 아니라, 스스로 공부하고 체득해야 합니다. 한 분야를 계속 연구하다 보면 노하우가 쌓이고, 자신만의 주력 분야가 생기기 마련입니다. 같은 맥락에서 저는 주식 투자자에게는 부동산 이야기를 묻지 않고, 부동산 전문 투자자에게 주식은 물어보지 않습니다.

거기서 끝이 아닙니다. 정말 이기는 투자자가 되려면 배운 것을 토대로 행동에 나서야 합니다. 그리고 승리를 하면 그 이유를 자신의 투자 습관으로 익혀 둡니다. 그렇게 지식과 이론, 경험을 축적하고, 명확한 목적하에 규칙대로 매매를 계속하면서 자신만의 패턴을 구축하는 것이지요.

    부자가 되는 방식은 모두 마찬가지입니다. 부동산, 외환, 주식 등 어떤 분야가 잘될지 궁금해할 필요는 없습니다. 당신이 진 이유를 알고 나서 그것을 개선하고, 또 행동하고 강화한다면 이기는 투자자가 될 수 있습니다. 비로소 부자의 대열에 올라서는 것입니다.

가난한 사람은
불안한 마음에
여러 개의 보험에 가입한다.

부자는
연간 보험료 총액을 기준으로
선택과 집중을 한다.

> 가난한 사람의 사고

"월급이 줄어들지도 몰라. 혹시 아프면 또 어떡해. 노후 대비도 해야 하니 보험을 들긴 들어야지."

많은 사람들이 '부적 대신이다' 생각하고 보험에 가입하는 경향이 있습니다. 우리나라 국민들의 생명보험 가입률은 85%에 달합니다. 세계 최고 수준이지요.

그러나 정작 자신이 가입한 보험에 대해 정확하게 알고 있는 사람은 많지 않습니다. 또 매월 보험료를 얼마나 지불하는지는 대체로 알고 있지만, 그 금액이 적당한 수준인지 아닌지는 대부분이 잘 모르지요.

보험 가입을 중요하게 여기는 이들과 대화해 보면 한 가지 특징을 발견할 수 있습니다. 바로 삶에 대한 불안감이 강하다는 것입니다. 그처럼 미래에 대해 막연한 불안감이 클수록 보험의 개수도 많아지고, 고액 보험도 1~2개씩은 가입해 둔 경향이 있습니다. 이들에게 여러 개의 보험에 가입한 이유를 물어보면 주로 다음과 같이 대답합니다.

- 월급이 줄어들지도 몰라서
- 구조조정 대상이 될지도 몰라서
- 병에 걸려 입원할 경우에 대비해서
- 노후 생활비가 충분할지 염려되어서
- 결혼을 못 할 수도 있어서

　사실 불안은 그 뿌리인 원인을 알면 해결책이 보이고, 적절히 대응할 수도 있습니다. 예를 들어 구조조정이나 월급, 노후에 대한 불안이라면, 지금 자신의 경쟁력을 키워서 소득 능력을 향상시키는 방향으로 나아가면 됩니다.
　하지만 이것이 어렵고 고되다 보니 많은 사람들이 '보험'이라는 차선책을 택합니다. 그러면 마치 대응책도 보이는 것 같지요. 특히 우리가 보험에 의지하고 싶은 이유는 보험료 때문이 아닐까요? 보험사에서 내세우는 보장 조건을 보면 나에게 매우 유리한 것처럼 보입니다.
　'매월 2만 원씩 납부하면 평생 진료가 보장된다', '매월 15만 원씩 생명보험료를 납부하면 사망 보장금 10억 원이 지급된다' 하는 식이지요. 이렇게 해서 가입하게 되는 보험이 3~4개, 많으면

6~7개에 이릅니다. 한 달 보험료로만 20만 원이 지출됩니다.

그런데 앞에서 언급한 여러 불안 요소는 돈에 의지한다고 당장 해결되는 것은 아닙니다. 보험료를 채워 넣는다고 해서 구조조정에 대한 두려움이나 결혼, 질병에 대한 우려가 사라지는 것은 아니지요.

무엇보다 보험료는 주거비, 교육비, 노후 대비비와 함께 인생의 4대 비용이라 불릴 정도로 지출이 큰 비용입니다.

많은 사람들이 월 1만 원대, 많아야 10만 원이니 가볍게 생각하고 보험에 가입합니다. 그러나 대부분 약관에 '20년 만기 납'이라고 되어 있다는 점을 고려해야 합니다. 한 달 보험료가 20만 원으로 큰 부담이 없어 보여도, 20년간 내야 하는 고정 비용이라는 이야기입니다.

요즘 다들 가입하는 '실손 보험 + 정기 보험 + 변액 보험 + 암 보험' 식의 조합이라면 한 달 평균 보험료는 20~30만 원이 넘어갑니다. 1인 월평균 보험료를 20만 원으로 계산하면 1년에 240만 원, 20년에 4,800만 원인데요. 4인 가족이면 한 가구당 2억 원에 가까운 금액입니다. 만만하게 볼 것이 아니지요.

만일의 위험에 대비하기 위해 보험은 필요하지만, 불안하다고 해서 보험을 하나둘 늘리면 그야말로 낭비인 셈입니다.

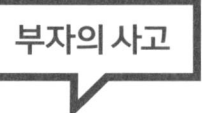

"보험은 말 그대로 위험에 대비하기 위한 상품이야. 불안하다고 이것저것 가입해도 나중에 돈을 돌려받는 것도 아니니까 제대로 계산하자."

부자는 보험이 위험을 대비하기 위한 상품이라는 것을 인지하고 있습니다. 따라서 불필요한 보험 따위는 가입하지 않습니다.

보통의 사람들은 아프거나 사고를 당하거나 사망하는 경우 등을 떠올리면 '으, 생각하고 싶지 않아' 하고 고개를 흔들고 맙니다. 불안 그 이상도 이하도 아니지요. 하지만 부자가 되는 사람은 자신에게 어떤 위험이 닥칠지, 또 그에 대해 얼마나 준비해야 할지 냉정하게 계산합니다.

돈 관리를 잘하는 사람은 매월 보험료를 연간 총액으로 바꿔 계산합니다. 또한 보험료가 자신의 연봉에서 어느 정도에 해당하는지를 따져 보지요. '매월 21만 원? 1년이면 240만 원 정도인데, 너무 많으니 좀 줄여야겠어' 하면서 보험료를 조정합니다.

적절한 실손 보험료는 싱글이라면 연 소득의 3% 이하, 가족이 있으면 5% 미만입니다. 싱글은 5만 원이 통상적입니다. 다양한 조건이 보장된다 해도 10만 원을 넘기는 보험은 고액 보험이라고 보는 것이 맞습니다.

부자는 보험의 사업 수수료가 만만치 않다는 것을 알고 있습니다. 따라서 부자가 되는 사람들은 보험 설계사와 상담하기보다 다이렉트 보험이나 온라인 직거래가 가능한 상품을 선호합니다.

요즘은 나에게 불필요한 보험 상품을 걸러 주는 비교 사이트도 많이 등장했습니다. 금융감독원에서 제공하는 '보험다모아', 그 밖에도 '마이리얼플랜', '레몬클립' 등은 모든 보험사들의 상품을 비교해 줍니다. 그래서 나에게 맞는 보장 내역을 입력하면 가장 저렴한 보험 상품을 찾을 수 있습니다.

누군가의 손에 이끌려 계약하는 것보다, 직접 비교해 보고 이성적으로 판단한 뒤 가입하는 것이 부자의 습관입니다.

가난한 사람은
노후를 막연히
두려워한다.

부자는
연금 정보를 수시로 확인하며
계획을 세운다.

가난한 사람의 사고

"노후에 필요한 생활비가 한 달에 200만 원이 넘는다고? 지금 저축으로는 턱없이 부족해. 큰일이네. 사업이라도 해야 하나."

"노후 준비, 잘 하고 계십니까?"

이 질문에 자신 있게 "그렇다"라고 답할 사람이 몇이나 될까요? '은퇴' 또는 '노후'라는 단어를 들으면 주눅 들기 일쑤입니다. 심지어 '노후 파산'이라는 말까지 있는 것을 보면 미래를 불안하게 생각하는 사람들이 매우 많은 것 같습니다.

하지만 너무 불안해할 필요는 없습니다. 직장인이라면 매년 2~3개월 치 월급에 해당하는 돈을 노후에 대비해 저축하고 있기 때문입니다. 무슨 뚱딴지같은 소리냐고 의아해할 수도 있지만, 엄연한 사실입니다.

일단 국민연금에 매년 약 1개월 치의 월급을 저축하고 있습니다. 근로자는 매달 월급에서 4.5%를 떼어 국민연금 보험료로 납부합니다. 여기에 회사는 근로자가 낸 금액만큼을 보태어 납부합니다. 이렇게 회사와 근로자가 낸 금액을 합치면 연간 소득의 9%

를 노후를 위해 저축하고 있는 셈입니다. 연간 소득의 9%면 한 달 월급보다 많은 돈입니다.

퇴직급여로도 매년 1개월 치 월급을 쌓고 있습니다. 우리나라는 법정 퇴직금 제도를 도입하고 있습니다. 기업은 1년 이상 일한 근로자에게 1년 근속할 때마다 최소 1개월 치 급여에 해당하는 금액을 퇴직금으로 지급해야 합니다. 퇴직연금제도를 도입한 사업장에서는 퇴직금을 회사 외부 금융기관에 예치해야 합니다.

뿐만 아니라 세액공제를 받을 요량으로 따로 '연금 저축'에 가입하는 경우도 많습니다. 그러면 연말정산 때 최대 400만 원의 연금 저축액에 대한 세액을 공제받을 수 있습니다.

2015년 3월 기준으로 우리나라 직장인의 월평균 급여가 317만 4,000원임을 감안하면, 연금 저축의 세액공제 한도만 채워 저축해도 웬만한 직장인의 1개월 치 월급을 저축하는 셈입니다.

게다가 2015년부터는 연금 계좌에 대한 세액공제 한도가 확대되었습니다. 2014년까지는 연금 저축 및 퇴직연금(DC 또는 IRP) 추가 납입금에 대해 연간 400만 원까지 세액공제를 받을 수 있었지만 지금은 최대 700만 원을 공제받을 수 있습니다.

다만 연금 저축 적립금에 대해서는 최대 400만 원만 세액공제를 받을 수 있고, 추가로 늘어난 300만 원은 퇴직연금에 납입해야

공제 혜택이 주어집니다.

    이처럼 직장인들은 국민연금과 퇴직연금만 합쳐도 1년에 2개월 치 월급을 노후를 위해 저축하고 있습니다. 여기에 연금 저축과 퇴직연금 추가 납입액을 보태면 1년에 3~4개월 치 월급에 해당하는 돈을 연금에 투자하고 있는 셈입니다. 적지 않은 돈입니다. 그런데도 노후가 불안하다고 느끼는 이유는 무엇일까요?

부자의 사고

"연금을 얼마나 내고 있는지 몰라서 불안한 거야. 내 연금에 대한 정보를 확인하고 부족한 부분만 채워 나가면 돼."

    막연한 불안감의 원인은 내가 가입한 연금에 대해 잘 모르기 때문이 아닐까요? 어떤 연금에 가입되어 있는지, 적립금은 얼마나 되는지, 연금은 언제부터 얼마나 받을 수 있는지를 제대로 알지 못해서일 수 있습니다. 그렇다면 노후 대비 저축 금액을 늘리는 것도 중요하지만, 자신이 가입한 연금에 대해 제대로 이해하는 것이 우선이겠지요.

먼저, 국민연금부터 살펴보겠습니다. 국민연금공단 홈페이지(http://csa.nps.or.kr)의 '내 연금 알아보기'를 이용하면 보험료를 언제부터 얼마나 납입했는지 확인할 수 있습니다. 납부 내역뿐만 아니라 연금 수령 시기, 예상 연금액도 손쉽게 확인할 수 있습니다.

퇴직연금 및 기타 개인연금의 경우 통합연금포털 홈페이지(http://100lifeplan.fss.or.kr)를 이용하면 조회할 수 있습니다. 회원 가입을 하고 연금 정보 조회 신청을 하면, 여러 금융기관을 일일이 방문하지 않고도 자신이 가입한 퇴직연금과 개인연금 관련 정보를 한눈에 확인할 수 있습니다. 다만 금융기관에서 연금 정보를 취합하는 데 3일 정도가 소요됩니다.

퇴직연금의 경우, 이를 통해 확정기여형$_{DC}$과 개인형퇴직연금$_{IRP}$뿐만 아니라 확정급여형$_{DB}$ 연금 관련 정보도 조회할 수 있습니다. DC와 IRP는 가입 중인 금융회사의 상품과 함께 현재 적립금이 얼마인지 확인할 수 있습니다. DB 가입자 역시 퇴직연금 가입 회사를 확인할 수 있습니다. 여기에 입사일, 중간 정산일, 급여, 임금 인상률 등 추가 정보를 입력하면 예상 연금액을 조회해 볼 수 있습니다.

개인연금의 경우 세액공제를 받을 수 있는 연금 저축뿐만 아니라 보험회사에서 가입한 일반 연금 보험 상품까지도 전부 확인 가능합니다. 가입한 금융회사와 상품, 가입일과 적립금, 연금 개시일 등을 파악할 수 있습니다.

　이처럼 국민연금공단과 통합연금포털 홈페이지만 방문해도 자신의 은퇴 후 소득을 손쉽게 계산해 볼 수 있습니다. 자신이 무엇을 얼마만큼 가지고 있는지, 어떤 부분이 부족한지 알면 막연한 불안에서 벗어나 구체적인 노후 설계가 가능할 것입니다.

가난한 사람은
주식 투자는
무조건 피한다.

부자는
주가가 하락해도
배당받을 수 있는 종목을 고른다.

가난한 사람의 사고

"나는 돈이 나를 막 피해 간다니까. 수익률은 내 종목을 지나서 다른 종목에 더블로 붙고. 주식 투자는 위험해."

과연 주식 투자는 위험한 것일까요?

알고리즘 투자 기법의 대가인 문병로 서울대 컴퓨터공학부 교수는 2015년 재미있는 보고서를 내놨습니다. 2000~2012년 국내 모든 상장사를 조사한 결과, 어떤 기업에 투자해도 1년 이내 매입가보다 30% 이상 높은 주가 상승률을 보였다는 것입니다. 3개 종목에 투자하면 2개 종목은 결국 오른다는 얘기인데요.

그러나 안타깝게도 투자자의 대부분은 그 전에 주식을 팔아 치운다고 지적합니다. 3분의 2 이상의 상승률을 보인 기업들 중 절반이 매입가보다 23% 떨어진 시기가 있었는데, 이때 많은 투자자들이 손실을 견디지 못하고 주식을 팔아 버린 것입니다.

"주식은 무섭다", "과거에 자산이 반 토막으로 줄어든 것만 생각해도 잠이 안 돈다" 하는 분들이 있습니다. 하지만 그렇다고 은행예금에만 넣어 둘 수도 없는 노릇입니다. 시중금리가 1%대의 저금리인 현 상황에서, 은행예금만으로 인플레이션을 웃도는 수준의 자산 가치 상승을 기대하기는 쉽지 않습니다.

주가 변동 때문에 걱정이라면 안정적인 배당주는 어떨까요? 눈높이를 5% 수준으로 낮추면 기회는 열려 있습니다.

2015년 한국 상장사협의회의 발표에 따르면, 유가증권 시장의 12월 결산 법인 중 2012년 이후 배당을 실시한 법인은 449개사로, 그중 27개사가 매해 5% 이상의 시가 배당률을 보였습니다.

시가 배당률이란 '주가에 대해 얼마의 배당금을 지급했는가'를 나타내는 지표인데요. 예를 들어 시가 배당률이 5%라면, 100만 원어치 주식을 샀을 때에 배당금으로 5만 원을 받았다는 의미입니다. 은행 금리보다 수익이 훨씬 높습니다.

"주가에 관계없이 배당을 주는 회사에 투자하면, 최소한 금리보다 나은 수익률을 기대할 수 있어."

(니콜라스 브랫, 라자드Lazard 운용 이사)

국내에서도 배당에 대한 관심과 투자가 확대되는 양상입니다. 슈퍼 리치들이 투자할 때 반드시 빼놓지 않는 종목도 배당주입니다. 배당 투자의 귀재로 유명한 인물은 워렌 버핏입니다. 버크셔 해서웨이 회장인 그는 2014년 4월까지 한 번도 애플사에 투자하지 않았습니다. 애플은 2012년 이후 3년간 50% 넘는 상승률을 기록했던 종목입니다. 그런데도 워렌 버핏은 애플을 투자 바구니에 담지 않았습니다. 그가 선호한 종목은 맥도날드, 코카콜라, GM 등입니다.

그런데 그가 IBM과 인텔에 투자를 시작했습니다. 어찌된 일일까요? 이 두 기업은 순이익 대비 배당금 비율이 높은 것으로 알려진 회사이기 때문입니다.

워렌 버핏은 본인은 정작 지난 50년간 배당을 하지 않았으면서도, 배당을 주는 회사를 무척 좋아합니다. 경제 전문지 〈포브스Forbes〉가 버크셔 해서웨이의 포트폴리오를 분석한 결과, 투자 종목 가운데 27개가 현금 배당 종목이었습니다. 실제로 버크셔 해서웨이는 매년 배당금으로만 14억 달러의 수익을 거두는 배당 부자 기업입니다.

배당주에 투자하는 요령이 있을까요? 기업이 배당을 주려면 매해 현금을 안정적으로 창출해야 합니다. 덧붙이자면, 최대 주주의

지분 비율이 높을수록 좋습니다. 기업에 투자를 많이 한 오너가 있어야 그 오너에게 배당을 줄 확률이 아무래도 크니까요.

어떤 사람들은 국내 배당주도 오를 만큼 올라서 투자하기가 겁난다고 얘기합니다. 그러면 해외로 눈을 돌려 보는 것도 괜찮습니다.

배당은 남아도는 이익을 주주들에게 돌려주는 것입니다. 그래서 성장이 우선인 기업은 배당을 할 여력이 없습니다. 돈을 벌면 그것으로 바로 투자해야 기업이 성장하니까요.

다만, 시간이 흐른 뒤 성장이 끝나고 얼마간의 휴식기 혹은 안정기에 접어들었을 때에는 얘기가 달라집니다. 기업은 꾸준히 돈을 벌어들이지만 굳이 몸집을 키우지 않아도 됩니다. 이때부터 기업의 배당이 확 늘어납니다. 우리나라에서는 KT와 SKT가 그런 경우였습니다. 일본도 그랬고 미국도 마찬가지였습니다.

시장에서는 조만간 중국에서도 배당을 주는 기업이 늘어날 것이라는 전망이 지배적입니다. 이미 부자들은 중국 공기업이나 중국 정부의 지원을 받는 통신사 등을 눈여겨보고 있습니다.

이와 더불어, 전통적으로 내국인보다 외국인의 지분이 많은 회사들이 안정적으로 배당을 지급한다는 사실도 알아 두면 도움이 될 것입니다.

가난한 사람은
주택 대출을 받을 때
현재의 이자율만 계산한다.

부자는
주택 대출을 받을 때
금리를 다방면으로 철저히 고려한다.

가난한 사람의 사고

"주택 대출을 받아야 하는데 뭐가 나으려나? …… 변동 금리가 훨씬 낮네! 이자는 돈이야. 그러니 일단 이자 부담이 제일 적은 걸로 하자."

주택 대출을 받을 때 금리를 결정해야 하는 순간이 옵니다. 이때 무엇을 기준으로 선택하는 것이 좋을까요?

많은 사람들이 금융기관이나 금리 수준을 보고 판단하는 것 같습니다. 그게 당연하지 않나 여길 수도 있지만, 특정 금융기관과 거래해야 하는 사업가가 아니라면 일반 직장인들은 우선 자신의 행동 패턴이나 성향에 맞는 대출을 택해 조합한 뒤 이에 맞는 금융기관을 선택하는 것이 더 현명할 수 있습니다.

지인이나 은행을 통한다고 해도 자신의 상황에 맞지 않는 대출을 선택하면 장기간 큰 손실로 이어질 수 있기 때문입니다.

금융기관 상담 → 대출 유형 선택 → 금리 결정 (X)

금리 유형 선택 → 금리 비교 → 유형에 맞는 금융기관 선택 (O)

주택 담보대출에서 금리는 대략적으로 '변동 금리형', '고정 금리형', '혼합형'으로 나뉩니다.

변동 금리형은 금리가 기준 금리에 따라 움직이는 유형이며, 고정 금리형은 처음에 정한 금리가 대출 기간 동안 고정되는 유형입니다. 혼합형은 기본적으로는 변동 금리형이지만 처음 3년 또는 5년간은 고정 금리를 유지하는 특약 조건이 포함된 유형입니다.

세 가지 유형 중 선택하는 요령을 간단히 말하면, 저금리일 때에는 고정 금리형을, 고금리일 때에는 변동 금리형을 택하는 것이 유리합니다.

현재 최저 금리라면 향후 금리는 내려가기보다 오를 가능성이 더 높기 때문에 낮은 대출 금리로 묶어 두는 것이 좋습니다. 반대로 현재 고금리라면 향후 내려갈 가능성이 높으므로, 일단 변동 금리로 빌려 놓고 금리가 하락하면 고정 금리로 갈아타는 것이 현명합니다.

몇 년 전까지만 해도 많은 사람들이 변동 금리형을 선호했습니다. 하지만 2016년 저금리 기조가 마무리되고 금리 인상 이슈가 불거지면서 고정 금리형으로 바꾸는 사람들도 많아졌는데요. 당장은 이자 부담이 커지는 것 같아도 장기적으로는 유리할 수 있습니다. 미국이 금리 인상에 나선 이후, 이것이 본격화되면 대출 금리가 계속 오를 가능성이 있기 때문이지요.

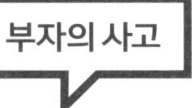

"모기지 금리는 장기간 갚을 수 있느냐의 문제야. 금리 수준도 중요하지만 내 직장이나 행동 패턴도 고려해야 해. 주택 대출 금리 비교 사이트에서 한번 알아보자."

금리를 고려할 때는 자신의 행동 패턴이나 성향도 한번 따져 봐야 합니다.

세상 돌아가는 소식에 빠르게 대응할 수 있는 사람, 위험을 이해하고 감수할 수 있는 사람은 선택형 혹은 변동 금리형이 적합합니다. 평소 경제 뉴스를 확인하면서 금리가 인상될 경우 자신이 얼마나 더 많이 갚아야 하는지를 파악하고, 또 이에 신속하게 대처하는 행동력이 뒷받침된다면 큰 무리가 없습니다. 대출 후 3년이 지나면 중도 상환 수수료도 없으니 바꾸는 데 어려움도 없고 금융시장은 사이클이 있으므로 금리 역시 갈아탈 수 있습니다.

반면에 경제 뉴스를 매일 파악하면서 그에 대응하는 것이 서투른 사람, 금리나 신용 등급을 생각하는 것이 귀찮은 사람이라면 고정 금리형을 추천합니다.

또 수억 원의 금액을 30년에 걸쳐 상환하는 등 부담이 큰 주택담보대출을 끼고 있다면, 고정 금리를 택하는 것이 나을 수 있습니다. 기준 금리가 인상되면 변동 금리는 따라 오르기 마련인데, 매월 고액을 상환해야 하는 사람이 뉴스에 무관심하다면 이자 부담이 커진 것을 뒤늦게 알 수도 있습니다. 그때 대응하려 해도 문제가 클 수 있으니 차라리 안정적으로 고정 금리를 선택하는 편이 낫겠지요.

이때 대출 금액은 주택 가격 대비가 아니라 내가 갚을 수 있는 정도를 고려해 받는 것이 원칙입니다. 무료로 이용 가능한 주택 대출 금리 비교 사이트가 많으니, 이를 통해 알아보는 것도 도움이 됩니다.

가난한 사람은
세금에
무신경하다.

부자는
절세가
최고의 재테크임을 안다.

가난한 사람의 사고

"연말정산 간소화 서비스에 다 적어 냈는데, 이 정도면 충분하겠지? 작년 세금 폭탄은 너무 충격이었어. 올해는 연금 저축에 가입해 뒀으니 안심해도 될 거야."

연말정산이라고 하면 경리 부서에서 다 해 준다고 생각하며 무심하게 넘기는 직장인들이 많습니다. 신용카드나 체크카드를 많이 쓰면 공제될 거라 생각하고 '13월의 월급'을 기다리지요. 하지만 이런 경우 '가난한 재테크 습관'을 가졌다고 볼 수 있습니다. 13월의 월급은커녕 세금 폭탄이 기다리고 있을지 모릅니다.

세금을 아낀다는 뜻으로 요즘 세(稅)테크라는 말을 흔히 씁니다. 직장인들에게는 연말정산이 곧 세테크인 것으로 알려져 있지요. 그동안 자신이 낸 세금을 다시 돌려받는 것이니 뜻밖의 보너스나 마찬가지입니다.

그런데 세테크는 전적으로 돈을 어떻게 쓰느냐에 달려 있다고 해도 과언이 아닙니다. 똑같이 100만 원을 쓰더라도, 공제 대상이 될 수도 있고 한 푼도 환급받지 못할 수도 있습니다. 정부 역시 세금으로 운영되는 주체입니다. 우리가 세금을 굳이 돌려 달라고 애쓰지 않는다면 주겠다고 따라다닐 이유가 없습니다. 세금 환급도 찾는 자에게 혜택이 있다는 말이지요.

그런데 가난한 사람은 정작 챙겨야 하는 공제는 수시로 놓치거나 귀찮다는 이유로 무시합니다. 특히 영수증이 그렇지요.

영수증을 잘 챙겨 두면 큰 도움이 됩니다. 부양가족이 없는 경우 연말정산 환급을 늘릴 수 있는 좋은 기회입니다. 물건값을 치를 때나 식사를 하고 계산할 때, 영수증을 달라고 얘기한 뒤 잠시 기다리기만 하면 됩니다. 그런데도 가난한 습관이 몸에 밴 사람들은 늘 "필요 없어요"라는 말을 입에 달고 삽니다.

안경과 콘택트렌즈도 공제 대상이라는 말을 들어 봤을 겁니다. 영수증에 시력 보정 여부가 기록되어 있으면 공제 대상이 됩니다. 안경을 공짜로 구입할 수 있는 것입니다.

하지만 현금 영수증을 받겠느냐는 말에 "아니요, 됐어요" 하며 거절하는 사람들이 많습니다. 수고를 들이지 않고 돈을 모을 수 있는 습관인데도 쉽게 잊습니다.

그러면서도 금융사들이 광고하는 절세 상품은 연말정산 시즌이면 하나씩은 꼭 가입하게 됩니다. 저 역시 새내기 직장인 시절, 장마 펀드(장기 주택 마련 펀드)에 가입한 적이 있습니다. 하지만 연봉 3,000만 원인 직장인에게 소득공제 상품은 큰 도움이 되지 못한다는 것을 나중에 알았습니다.

연봉 3,000만 원 내외인 사회 초년생이나 직장인이라면 연말정산에 신경 쓸 필요가 없습니다. 웬만한 기본 공제만으로도 소득공제 혜택을 다 받을 수 있지요. 속사정도 모른 채 이런 상품에 가입하면, 오히려 다른 상품에 가입해서 훨씬 더 큰 수익을 올릴 기회를 놓칠 수 있습니다.

금융사들은 이런 설명을 해 주지 않습니다. 시기에 맞게 세제혜택 상품을 판매해서 수수료를 챙기는 것이 금융사의 목적이라는 점을 명심하는 게 좋습니다.

대다수 전문가들이 추천하는 절세 상품, 연금 저축과 장마 상품도 반드시 가입해야 하는 것은 아닙니다. 예를 들어 연금 저축으로 400만 원을 부을 경우, 과거에는 소득에 따라 26만 4,000원에서 167만 2,000원까지 환급받을 수 있었지만 이제는 돌려받는 금액이 모두 48만 원으로 동일합니다. 세법 개정으로 공제 기준이 소득에서 세액으로 변경되었기 때문입니다. 소득이 많다고 해서 세금을 더 많이 환급해 주지 않는다는 얘기입니다.

5~6년 차의 평범한 직장인이거나 소득이 많지 않은 경우라면 사실 세금을 민감하게 느끼지 못하는 시기입니다. 이때는 절세 상

품에 가입해도 받는 혜택은 크게 없으며, 공제를 받는다고 신용카드를 사용해도 돌아오는 금액은 많지 않을 것입니다.

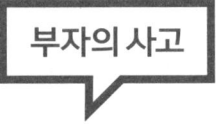

"어떻게 해야 세금을 줄일 수 있지? 세금이 점점 부담되네. 세무사를 만나 봐야겠어. 전문가와 상담하는 편이 좋을 것 같아."

부자와 가난한 사람을 가르는 진짜 차이는 집도 자동차도 소지품도 아닙니다. 세금에 대한 인식입니다.

소득이 늘어나기 시작하면 세금의 무게를 몸소 체험하기 시작합니다. 예를 들어 직장인이라면 연 소득 8,000만 원 이상만 되어도 추징세율이 35%를 넘어섭니다. 1년에 약 4개월분의 급여를 정부에서 떼어 가는 셈입니다.

소득이 얼마 되지 않을 때는 이를 잘 실감하지 못해도, 버는 돈이 늘어날수록 어떻게든 세금을 줄여 보고 싶어집니다. 이때부터 세금은 늘 고민거리가 되지요.

직장인이 회사를 벗어나 사업가가 되는 이유 중 하나도 세금 때문입니다. 근로소득자로 1억 원의 수입을 올리면 세금을 40% 가까이 낸 뒤 실수령액을 받지만, 사업가는 이를 비용으로 처리한 뒤 매출을 정할 수 있습니다.

부자는 세금 문제에 부딪힐 때에도 방법을 찾습니다. 자신이 번 돈을 지키기 위해 유능한 회계사나 변호사를 고용합니다. 그리고 법을 이용해 세금을 내지 않을, 최소한으로 낼 수 있는 방법을 어떻게든 찾으려고 애를 씁니다.

부자는 법을 배우고, 그것을 자신에게 유리하게 이용합니다. 그러나 가난한 사람들은 정부가 무서워서, 혹은 단순히 귀찮다는 이유로 소득공제조차 제대로 챙기지 않습니다.

세금에 대해 배우고 절세할 수 있도록 노력해야 합니다. 돈이 있는지는 문제가 아닙니다. 앞으로 문제를 해결하기 위해 지금 당신이 무엇을 할 수 있느냐가 문제입니다.

세금과 절세에 대해 누구보다 예민해지기 시작했다면, 부자의 위치에 다가서고 있다는 증거입니다.

가난한 사람은
임대나 갭(gap) 투자에만
관심 있다.

부자는
리츠(REITs) 펀드를
알아본다.

가난한 사람의 사고

"월급 외에도 일정한 돈이 통장에 매달 입금되면 얼마나 좋을까? 1억 투자해 봐야 이자도 고작 몇십만 원인데, 수익형 부동산 투자라도 해 볼까?"

월세를 받는 부동산 투자에 대한 관심이 뜨겁습니다. 돈 걱정 않고 매월 꼬박꼬박 현금을 받을 수 있는 투자가 있다면 누구나 혹하겠지요. 더구나 은퇴를 앞둔 시점이라면 그 간절함은 더욱 클 것입니다.

특히 최근에는 전세와 매매 가격 간의 차이가 미미한 부동산에 투자해 돈을 벌었다는, 갭 투자 성공담이 심심찮게 회자되고 있습니다. 일부 인터넷 투자 카페에는 1,000만 원으로 집을 샀다는 성공담이 등장하고, 주택 300채를 보유하며 월세를 받고 있다는 이야기로 화제가 된 투자자도 있으니까요. 이렇게 보면 갭 투자의 미래는 그야말로 장밋빛입니다.

하지만 적은 금액을 투자해 현금을 챙길 수 있다는 부동산 투자는 환상일 수 있습니다. 우선 갭 투자가 성공하려면 부동산 시세와 흐름을 파악하는 데 능통해야 합니다. 또 투자하기에 좋은 지역을 보는 혜안도 있어야 하고, 그 안에서도 손해 보지 않는 주택을 찾을 수 있어야 합니다.

한마디로 진흙 속의 진주를 찾을 줄 알아야 합니다. 부동산 전문가여야 가능한 투자라는 의미이지요.

실물 부동산 투자가 무조건 나쁘다는 것은 아닙니다. 내 돈에 은행 대출을 더해 실물 자산을 취득할 수 있다는 장점이 있지요. 여기에 좋은 부동산을 발견했다면 성공할 확률이 높습니다.

다만, 이후 관리하는 비용도 고려해야 합니다. 오피스텔과 상가의 경우 세율이 매매가의 4.6%로, 주택(농어촌 특별세·지방 교육세를 포함해 1.1~3.5%)의 세율보다 높습니다.

취득 시 일반 임대 사업자로 등록하면 부가가치세(건물 가액의 10%)를 환급받지만, 임대 의무 기간 10년을 채우지 못하거나 오피스텔을 주거용으로 사용한다면 환급액을 물어내야 합니다.

또 상가형 오피스텔의 경우 상권에 따른 위험이 커 투자 시 꼼꼼히 따져 봐야 합니다. 즉, 부동산 투자에 경험이 별로 없는 사람이라면 갭 투자든 수익형 부동산이든 시도하지 않는 것이 좋다고 봅니다.

무엇보다 본업이 있다면 나의 시간과 에너지를 어디에 쏟을지 먼저 결정해야 합니다. 실물 부동산은 투자라기보다 하나의 사업이라고 보는 게 맞기 때문입니다.

> **부자의 사고**

"실물 부동산 투자도 매력 있지만 상가나 주택은 관리에 드는 비용이나 시간도 만만치 않을 거야. 여유가 생겼을 때 시작하자. 지금은 나 대신 월세를 받아 주는 리츠 펀드나 부동산 공모 펀드에 투자를 해야겠어."

부동산 투자에 관심이 있다면, 리츠 펀드나 부동산 공모 펀드에 관심을 기울여 보는 건 어떨까요?

리츠 펀드와 부동산 공모 펀드는 부동산에 투자하기 위해 기관 투자자가 만들어 놓은 금융 상품입니다. 기관이 투자하는 것인 만큼 투자 대상이 되는 부동산은 대형 건물인 경우가 많습니다. 개인이 살 수 없는 우량 상업용 건물 및 아파트라서 공실 위험 등은 비교적 적지요.

세세한 문제가 일어날 염려도 없습니다. 부동산을 매입한 뒤 관리도 기관이 하므로 개인은 신경을 쓸 필요가 없습니다. 개인이 펀드에 참여한 뒤 임대 수익률이 나오면 투자한 비중만큼 이익을 공유하는 구조입니다.

이는 해외에서 이미 대세로 자리 잡은 투자 상품이지만 우리나라에서는 2016년부터 관심을 받기 시작했습니다.

금융투자협회에 따르면 부동산에 투자하는 펀드 설정액만 45조 9,283억 원에 이릅니다. 이 중 개인이 투자할 수 있는 공모 펀드는 1조 2,537억 원으로, 1년 전보다 30% 늘어났습니다. 저금리 기조 속에 연 5~6% 수익률을 기대할 수 있다는 점에서 충분히 메리트가 있습니다.

리츠 펀드의 장점은 일본이나 미국의 REIT 등 해외 부동산에 투자를 할 수 있다는 점입니다. 한마디로 세계의 부동산을 입맛대로 골라 분산 효과를 누릴 수 있지요. 또한 소액으로도 투자가 가능하다는 것이 장점입니다. 갭 투자의 경우 투자금이 낮다 해도 계약금을 내야 하기 때문에 거래액의 10%는 보유하고 있어야 합니다. 그러나 리츠 펀드는 금융 투자이므로 10만 원으로도 투자할 수 있습니다. 즉, 소액 적립식으로 투자가 가능한 것이 장점이지요.

단점은 레버리지 효과를 누릴 수 없다는 것이겠지요. 즉, 있는 돈만큼 투자하고 수익을 얻을 수 있습니다.

무엇보다 직장인이라면 자신의 시간과 에너지를 투자에 얼마나 쏟을 수 있는가를 고려해야 하는데, 제대로 할애할 수 없을 경우 리츠 펀드를 선택하는 것이 낫습니다.

실물 부동산 투자도 좋지만 전문 투자자가 아니라면 본업을 위협할 수 있습니다. 관심이 있다면 우선 공부부터 시작하는 것이 좋을지도 모릅니다.

 칼럼

저축, 수입의 %면 적당할까

•

많은 사람들이 저축을 얼마나 하는 게 좋을지 궁금해합니다. 경제적으로 넉넉해서 저축할 돈이 많다면야 행복하겠지만, 대부분의 사람들은 예산 내에서 생활을 하고 저축도 해야 하니까요.

미래의 나에게 필요한 돈이 얼마일지, 얼마를 모으면 안정적일지를 한번 생각해 보면 좋습니다. 그에 따라 저축액 목표를 설정하면 됩니다.

따라서 일부 전문가들이 강조하는 것처럼 '월급의 절반~70%는 무조건 저축해야 한다'는 강박관념에서 벗어나는 것이 좋습니다. 저축 습관은 평생 유지해야 하니 절대 무리해선 안 됩니다. 참고로 가계 관리, 개인 재무 설계, 라이프플랜이 활성화된 미국과 일본에서는 월급의 20~25%를 장려합니다.

우리나라 30대 직장인의 월평균 수입인 317만 원(2015년 3월)을 기준으로 생각해 봅시다. 특수한 경우가 아니라면 월 수령액의

20%를 저축하는 데에는 무리가 없을 것입니다. 어떤 상황이 와도 내 노후는 내가 지킨다는 확고한 마음만 있으면 충분히 저축 가능한 금액이니까요. 이렇게 매달 20%를 꾸준히 모으다 보면 5년 뒤에는 연봉만큼의 돈이 쌓입니다. 물론, 일부 사회 초년생의 경우 월급 자체가 적기 때문에 20% 저축이 어렵다고 얘기하는 사람도 있는데요. 이런 경우에는 월급의 10%를 최소 기준으로 삼은 후 점차 늘려갈 것을 추천합니다.

젊은 직장인이라면 자기계발에 투자하는 것도 중요합니다. 일본 금융 교육 전문가 이즈미 마사토는 《돈의 교양》에서 월급의 20%는 저축, 나머지 20%는 자기 자신에게 투자하면 돈이 쌓이는 시스템을 구축할 수 있다고 강조했습니다. 월 수령액의 20%를 자신에게 투자해 실력을 인정받으면 다음 해에는 연봉이 오를 가능성이 높습니다. 연봉이 작년보다 10% 이상 올랐다면 저축 금액을 더 늘릴 수 있겠죠. 예를 들어 작년에 300만 원의 월급을 받았는데 올해 350만 원을 받게 되었다면 매월 적립 금액을 기존 20%에서 30~40%까지 늘리면 됩니다. 이 흐름을 타면 돈은 빠른 속도로 불어날 것입니다.

구체적으로 살펴볼까요. 독립한 싱글의 경우 주거비용 부담이 있기 때문에 월급의 30% 정도를 유지하는 게 좋습니다. 2017년 서울 시내 1인 가구의 주거비 부담이 월 수령액 대비 30%까지 치솟았다는 소식도 있었죠. 저축 금액을 무리하게 올리면 자칫 상품을 해약해야 하는 실수를 범할 수 있다는 사실을 명심해야 합니다. 반면, 부모님과 함께 거주하는 싱글은 주거비용 부담이 없기 때문에 그만큼 저축 금액을 늘릴 수 있는 여유가 생깁니다. 월급의 40~50%까지도 가능하지요. 사실 이 시기를 저축의 황금 시기라고 부릅니다. 인생에서 특별, 돌발 지출이 많지 않은 때라 상대적으로 목돈을 마련하기 좋은 시기라는 것입니다. 따라서 여유가 있고, 돈을 모을 각오가 되어 있다면 욕심만큼 모아두는 것도 괜찮습니다.

　라이프플랜이 필요한 시기는 결혼 이후입니다. 아이가 태어나고 초등학교에 입학하면 교육비 등 비용이 많이 발생합니다. 이 시기는 사실 저축 금액을 늘리기 어렵습니다. 저축을 잘 할 수 있는 황금 시기는 지났다고 봐야 하죠. 욕심을 부리기보다 최소 저축 규모를 지켜 나간다는 마음으로 습관을 유지하는 것이 바람직합니다. 초등학생 이하의 자녀가 있는 가정에서 실 수령액이 300만 원이라면 60~75만 원(300만원×20~25%)은 저축하면 좋습니다. 어렵다면 최소 15% 수준은 지키는 것을 추천합니다.

덧붙여서, 보너스를 받았을 때에도 저축하면 좋겠죠? 이때 고려해야 할 변수는 주택 대출입니다. 대출을 받은 경우라면 보너스의 20%를 추가로 저축하는 것을 추천합니다. 주택 대출이 없는 가정이라면 40% 정도가 좋습니다. 이는 무리 없이 저축할 수 있는 최소 기준입니다. 여유가 있다면 물론 더 늘리면 되고요.

'너무 느슨한 거 아니야?'라고 생각한다면 지금 여러분이 충분히 잘 하고 있다는 의미입니다. 미국과 일본의 가이드라인에 따르면 30% 이상으로 꾸준히 저축한다면 큰 부자는 아니어도 노후에 경제적으로 불안하지 않을 정도의 작은 부자는 될 수 있습니다.

다시 한 번 강조하자면, 자기 자신에게 투자하는 것을 간과하지 마세요. 위험 관리는 미래를 대비하는 수준까지만 해야지 지나치면 오히려 도약의 기회를 앗아버릴 수 있습니다. '적정 저축 기준을 지키고 월 수령액의 20%는 자신에게 투자한다'는 것이야말로 부자가 부를 축적하고 불려온 원칙입니다.

부자의
습관
빈자의
습관

1판 1쇄 발행 | 2017년 3월 2일
1판 4쇄 발행 | 2019년 5월 24일

지은이 명정선
펴낸이 김기옥

경제경영팀장 모민원 기획 편집 변호이, 김광현
커뮤니케이션 플래너 박진모
경영지원 고광현, 임민진
제작 김형식

디자인 제이알컴
인쇄 · 제본 현문

펴낸곳 한스미디어(한즈미디어(주))
주소 121-839 서울시 마포구 양화로 11길 13(서교동, 강원빌딩 5층)
전화 02-707-0337 | 팩스 02-707-0198 | 홈페이지 www.hansmedia.com
출판신고번호 제 313-2003-227호 | 신고일자 2003년 6월 25일

ISBN 979-11-6007-123-8 13320

책값은 뒤표지에 있습니다.
잘못 만들어진 책은 구입하신 서점에서 교환해 드립니다.